私だけの水槽

松井玲奈

朝日新聞出版

私だけの水槽　目次

イラスト　kigimura
装幀　　　大島依提亜

私だけの水槽

人生の手持ち札

また聞かれた。

――また聞かれましたか。

「三十歳を迎えるにあたって、どんな人になりたいですか」だって。

――節目ですから。

何の節目だっていうんだろう。

――思っていた三十歳とは違いますか？

違うといえば違うし……形容し難い気持ちでいる。

――詳しく話してみてください。

ふむ。私ごとではあるが、この夏に三十歳を迎える。これを書いている時は、まだ二十九歳の私だ。最近インタビューや、人と話している時に、やたらと年齢の話が出てくる。

「三十歳を迎えるにあたって、どんな人になりたいですか」

年齢に何かを期待することは二十歳の時に諦めた。

あの頃の私は二十歳になることに大きな期待を感じていた。お酒が飲めるようになったり、成人式があったり、社会的にも世間的にも、〝大人〟として認められ、責任が伴うことに対して、体の深いところから興奮していた。二十歳になった瞬間に新しい自分に生まれ変わり、誕生日に目が覚めれば、立派な大人が出来上がっているとさえ信じていた。

しかし、そんなことはなかった。誕生日を迎えたからといって、何も変わらないのである。目が覚めても昨日の続きの自分しかそこにはいなかった。変わったことといえば、法的に飲酒、喫煙が認められるようになったこと、昨日までの自分より確実に長い時間この世界に生きていることくらいだった。

そのことに酷(ひど)く落ち込んだ。年齢が自分を変えてくれるのではない、自ら変わりに行かなければ、結局変化のない、昨日と地続きのままの自分だと気づかされた。

だから二十歳を境に、年齢に一方的に期待することを止めた。

しかし誕生日となれば話は別だ。ああだこうだと御託を並べているが、一年の中でクリスマスと並ぶくらい誕生日が好きなのだ。なぜなら「誕生日」という理由でケーキをたらふく食べられるからである。私は、ショートケーキのホールを抱えて食べることを楽しみに生きている、と言っても過言ではない。

　小分けにせず、足跡のない雪景色に足を踏み入れるような神聖な気持ちでフォークを差し入れる。三つの爪がケーキをずぶりと引き裂くと甘い匂いが真っ直ぐに鼻を刺激してくる。口に入れた瞬間の、軽やかな生クリームの舌触りと、しゅわりと解ける柔肌のスポンジの食感にうっとりする。そして飢えたハイエナのように黙々とケーキを貪るのである。無心でただクリームとスポンジの甘みに感覚を集中させ、時折苺の酸っぱさにハッとし、目が覚めた気持ちになる。お祝いをしてくれる友人はそんな私の姿を、面白そうに眺めているのだ。

　最後の一口を食べてしまうのが惜しくて涙ぐんでしまうほどに、私は誕生日のケーキを愛している。ＳＮＳで誰かがお祝いの巨大なケーキを手にしているのを見ると、「あんな大きなケーキが食べられて羨ましい」と嫉妬する。誕生日を口実にケーキを際限なく食べたい、食い意地の話になってくるのだが、まあ、これはいくつになっても変わらない。

ある程度年齢を重ねてしまえば、多少の考えの変化はあっても、一年で大きく成長した、なんてことは稀有ではないだろうか。子供時代の祖父母のように、会う度に「大きくなったね」なんて周りの人は言ってくれない。新しい言葉を覚え、使ったとしても、それは大人の世界では当たり前の言葉だったりする。昔のように「そんな四字熟語どこで覚えたの」なんて親が褒めてくれることもない。

子供の頃に思い描いた大人になれていないことに落ち込むことが増えてきた。これを読んでいるあなたにも、そういう瞬間があるだろうか。あってくれたら安心する。

幼いながらに憧れた大人の姿は、それはもう隙のない、立派な出で立ちの人々だった。両親も、学校の先生も、テレビでニュースを伝えるアナウンサーも、みんな輝いていた。漠然と大人だなあと感じていたし、あんな風にしっかりとした、地に足のついた人達に自然になれると信じていた。だからこそ、年齢を重ねるごとに、思ったより精神年齢や考え方に成長のない自分に肩を落とし、あの頃憧れた大人達も同じことを感じていたのではないかと、すがるように信じたくなる。

私はどんな大人になりたかったのだろう。

どんな三十歳になりたいのだろう。

小学生の頃、よくテレビドラマを見ていた。そこに出てくる大人の男性はスーツをビシッと着こなし、通勤バッグを控えめに振りながら、人にぶつかったりもせず、スイスイと涼しい顔で道を歩いていた。社会人という存在が格好良かった。

物語の中では大抵問題が起きる。重大なミスや、上司からの圧力、問題はさまざまだが、主人公は慌てながらも立ちはだかる壁に果敢に立ち向かっていき、最後には見事問題を解決してみせる。小学生の頃は『ショムニ』の坪井千夏や『お水の花道』の明菜さん、『ナオミ』の藤堂直海に憧れていた（今思い出しても格好良い女性）。彼女達は問題に直面しながらも確実にサクセスしていき、自身のアイデンティティや、居場所を守っていた。私には彼女達が輝いて見え、大人になったら私も自分の足で立つのだ！　なんなら脚立を担ぎ、廊下を闊歩するのだ！と息巻いていた。しかし、そうはいかない。脚立はそうそう担いで歩けない。

生きてきた時間が長くなればなるほど、自分の得意不得意がわかるようになってきた。早々に自覚したのが、同じことを続けたり、繰り返したりすることが苦手だということだった。学校に毎日通うことができなかった。体調が芳しくなかったのもあるが、今思えば心の問題だったようにも思う。

数年前、「芸能界に入ってお仕事ができてよかった」とポロッとこぼした時、「普通に働くことはあなたには無理だと思っていた。芸能の仕事をしていなかったら、ろくな人生じゃなかったと思う」と母に面と向かって言われ、なかなか刺さるものがあった。学生時代の私が聞いたら、あっという間に癇癪の導火線に火が点いただろう。しかしそれは、母だからこそ躊躇いなく伝えられた言葉だと思い、感情を呑み込んだ。

同級生と同じように規則正しく学校に通うことはできなかったが、仕事には這ってでも行っていた。周りから「学校にきちんと通えないのに芸能活動はできるのか」と言われたこともあったが、当時の自分には全く耳に入らなかった。都合がいい話と言われるかもしれないが、アイドルを今やり切らなければ後悔すると本能的に感じ、刺激的な日々に全てをかけていた。これが自分の生きている意味だと信じていた。挫折なんて微塵も考えていなかったし、目指す階段の上まで絶対に登り切るんだと息巻いていた。あの頃の私は折れながら、それでも上に向かって逞しく伸びようと必死だった。

その時は、十年、二十年先のことより今が大切で、数年先のヴィジョンより、もっと短いスパンで低いハードルを越え、ひたすら前に進むことを考えていたように思う。周りに何を言われようが、ステージに立った時、多くの声援を投げかけてもらえれば自分の存在を認めてもらえた気がした。自分を見つけてくれた人たちが宝物になった瞬間だった。教室の隅っこで俯(うつむ)き、隠れるように生きていた私は、ずっと誰かに見つけてもらいたかったのだとわかった。

長い間体内に熱がこもって苦しい感覚を抱えていたが、表現をすることで原因不明の熱は体の外へと放たれていった。

だからだろうか、仕事を始めてから過労でダウンすることはあったが、以前のように心の不調で動けなくなることは無くなった。

物作りをしている友人に「三十歳になった時どうだったか。何か変わったり、感じたりしたことはあったか」と聞いた。人生の先輩の意見をどうしても聞きたかった。

友人からは「今までの自分の集大成になるような作品を作りたいと考えて行動した」と思いがけない答えが返ってきてハッとした。ややこしく絡まった糸がわずかに緩んでいく気がした。
私は周りから「どうなりたいか」と聞かれることが煩わしかったのかもしれない。なるのではない、「どう〝したいか〟」について考え、行動したいのではないだろうか。やはり自身がひとりでに変化することはない。自ら考え、行動しなければ、目の前にある階段に足をかけることすらできない。登るにしたって頂上に辿り着く〝状態〟になるまでに、足を動かし進むことを選択し、行動にうつさなければ景色は変わらない。

ここまで自分の内側に潜む箱を開けてみたが、なんと面倒くさいのだろうか。もっとシンプルに、人にかけられた言葉を素直に受け止められれば、こんなことでこじらせずにすむだろうに。一つの箱を開ければポンッと答えが出てくるはずなのに、自分の中に巨大なマトリョーシカを抱えている気分になる。開けても、開けても、本音に辿り着くまで先が長く、頭が痛い。

では、〝もしも〟があれば私はどうしたかったのだろうか。
まず、芸能の世界にいなければ、恋をたくさんしてみたかった。いろんな人に心ときめかせたかったし、合コンに行ってみたかった。そう、私は合コンに行ったことがないのだ！　文章を書くうえで、物語のヒントになるかもしれないと一度「合コンに行きたい！」と言ったら止められた。「じゃあ相席居酒屋についていきて欲しい！」と別案を提示したら、そっちの方がもっとダメと、全力で止められた。「私だって王様ゲームとかしてみたいんだ！」と語気を強めると、合コンへの知識が二回りくらい古いと袈裟斬り（けさぎ）りにされた。悔しい。

ドラマでよくある社内恋愛や、取引先の人といい感じになる、なんて展開も素敵だ。全て妄想なので、現実にそういったことが頻繁に起こるかは知らないが、そんな状況を役として演じたことはある。

今はマッチングアプリで知り合って、結婚というパターンもあるらしい。そちらもとても興味深い。

以前、小説の取材としてマッチングアプリに偽名で登録をしたが、初期設定が終わった瞬間から夥（おびただ）しい量の通知が来て怖くなり、すぐに消したことがある。顔写真も載せていなかったから余計に驚いた。友人に聞くと、最初だけ通知がたくさん来て、そのうち落ち着くと言われた。その友人はマッチングアプリで本当に素敵な方と出会い結婚したので、怖いことばかりではないことを補足しておく。

他には、お酒を浴びるように飲んで、人生の汚点になる夜を過ごしてみたかった。朝起きて、頭を抱え「なんてことを私は……」と酒の勢いで奔放になった己を責めたりもしてみたい。

妄想を書き連ねているが、私の経験したかった大人像はいささか不安になるものばかりだ。全て仕事に没頭していたからこその妄想だと思って欲しい。しかしどれも違う選択をしていればあり得たかもしれない三十歳の私だ。

実際これまでの生活は、恋愛やお酒、人付き合いから少しだけ距離のある人生を選んでいた。ここ数年で友人達には「やっと人間らしくなった」と言ってもらえるようになったが、以前は何をするにしても「仕事に影響がないか」それればかり考えていた。思い描いていた通りの大人の階段を登ることができたのは、芸能界へのステップを選べたことくらいだろうか。

芸能の仕事。特に芝居が私にとって一番続けていきたいことである。

もともと芸能界の入り口にアイドルを選んだのも、その先に役者というステージを見据えてのことだった。アイドルが好きだったこともあるが、舞台に立って人に見られることに慣れ、表現することを学びたかった。歌っている歌詞を聞き手の胸に届けられないのなら、台詞を人に届けることは難しいだろう。歌って踊っていたことも、バラエティの現場も、全て役者の仕事に活かせると感じている。

毎年、年始に立てる目標には、ドラマ、映画に何本出るとか、この人とお仕事をするぞ、この舞台に立つ、などということをズラーッと書き連ねている。

人気者になりたい、というより、私はずっと芝居の現場に居続けたい。向いてないと厳しい言葉を投げられたとしても、しがみついてでもここにいたい。そのためにどうすべきかをいつも考える。

年齢という枠組みに対し、今現在、頭を悩ませているが、三十歳が近づくにつれ演じられる役の幅が広がってきたことは嬉しく思う。

これまでは若くて可愛らしい女の子や、清潔感のある、いわゆる「いい子」を求められることが多かった。その度に私のパブリックイメージはこのポジションなんだと悟った。

しかし、ここ数年で事情を抱えた妊婦や、シングルマザー、年下の男の子に恋をして年齢差に思い悩む女性、一人の男性に異常に執着する女性など、これまでと全く違うアプローチの役に挑戦させてもらえている。役の幅も、芝居に対する自分の考えの選択肢も人生経験の分だけ広がっているように感じて、そこは素直に嬉しく思う。

ただ、年齢というものは後からついてくるような気がしてならない。その年が終わる時に振り返り、一年かけてやっと自分の年齢が体に馴染む気がする。

それに、何よりも数字より内面が大切だ。自分よりずっと歳が下でも、考えがしっかりしていて、頼もしい方がたくさんいる。そういう方に出会えると刺激的で、私はとても嬉しくなる反面、自分を恥じることがある。「あの歳の頃、私はあんなにしっかりした考えを持っていなかった」と。やはり面倒くさいのだ私は。

なんと母が私を産んだのは今の私の歳だというから驚いた。私には兄がいるので、母は二児の世話をしながらガシガシ働いていた。今の自分の生活環境との違いに驚かされるが、人の数だけ様々な生き方がある。

何も焦ることはない。そう書くと焦っているようにも見えるが、周りから求められる三十歳像と、自分の思い描く理想が違っていたっていいじゃないか。私は私なのだ。選んだ階段を自分の速度で登っている。時には引き返すこともあるだろうし、滑り落ちたこともあった気がする。そういう時は背伸びしすぎていただけ。上ばかり見すぎていると、足元への注意が疎かになり痛い目を見ることをこれまでの経験の中で学んだ。

ここまで散々年齢なんかに期待はしないと言った私であるが、何年か先に振り返った時どんな自分でありたいかという、理想のようなものはある。

今でも、子供の時はどうだったか、十代はどうだったか、と折に触れて振り返ることがある。十代は長い長い反抗期。二十代は変化の多い時期だった。それは多くの人がそうかもしれない。学校から社会へと世界が広がり、良くも悪くも学ぶことが多い。学生時代の常識は通じなくなり、「大人達」と揶揄（やゆ）するように使っていたその「大人」に自分もカテゴライズされる。

多くを経験し、成功も失敗もした。アイドルとしてステージに立ち始めたのが十七歳の時だったが、目が回るように働き、どこにいるのかも曖昧だったのは二十代前半の頃だった。そこから今は独り立ちをし、念願の芝居の道を進んでいる。

こういう仕事は得意だけど、この進め方だと苦手だとか、人間関係でも得意不得意、嬉しい言葉や傷付く言葉などがわかるようになってきた。人の痛みも経験の数だけわかる部分が増えてくる。

まるでカードゲームのようだ。生きていくことで持ち札を増やしていく。手元にある限られた札でどこまでうまく戦っていけるか。絶対的最強カードなんてないが、使い方次第。いつ、どのタイミングでフィールドにカードを出すかで自分を取り巻く環境も変わってくる。

私はゲームメイクが得意ではない。だから慎重に信頼のおけるカードばかりを出してしまう。そのくせ突然捨て身で突っ込んでいく衝動的な戦法をとってしまうこともある。だから自己評価の中の自分は、いつまで経っても子供の頃と大差ない。けれど、今が子供の頃に思い描いた通りの大人だと自負できる人はどのくらいいるのだろう。みんなどこかで自分のことを、変わらないとか、子供だと思うことはないのだろうか。そうであって欲しいとやっぱり願ってしまう。

多分、本当の自分はまだまだ考えが幼く、偏っているにもかかわらず、周りから「三十歳の大人」というイメージを持たれるのが怖いのだ。「どうなりたいか」と試されるような眼差しを向けられる度、勝手にプレッシャーを感じ、内面をこじらせていく。自ら十字架を背負っている姿を客観的に見ると、なんとも滑稽だ。

ここから先のステージでも、初めてのことに直面し困惑することがあるだろう。これまでの人生で得てきたカードを有効に使い、どうにか切り抜けていきたい。そしてその経験を新しい持ち札へと変え、理想の自分に近づくための道を、恐れず突き進んでいくことにしよう。

何かを始めるにしたって、年齢はただの数字でしかないのだ。年齢を理由に諦めることはもったいない。内に秘める情熱と衝動に従おう。

――「三十歳を迎えるにあたって、どんな人になりたいですか」この答えが見つかりましたか？

やっぱり「この年齢だからなりたい自分」っていうのは私にはなかった。ずっと芝居の仕事をしていたいし、ずっと書き続けていたい。今はそればっかり。

子供の頃に苦手だった「続けること」が、やっとできるようになったけど、仕事に真摯（しんし）に向き合い振り返った時に、あの頃にこんな人を演じた、あんなものを書いたって、誰かの中に残っていたら嬉しい。

物作りの中で「別の誰か」や「別の世界」に浸っていたい。そう願うばかりだ。

私史上最高との出会い方

気持ちが沈むと台所に立つ。心を無にするにはとてもいい場所だと感じている。

趣味とは楽しむためにすることだ。自分の人生の限られた時間を豊かにし、心が満たされる瞬間が増える。これまで料理は趣味ではなかった。私にとって何かを調理することは、心に鎮静剤を打ち込むような行為であった。それが最近、心から楽しむ時間に変わってきた。料理が趣味になり始めたのである。

世界が自分の意思で広げられると知ったのは大人になってからだ。子供の頃、心はどこまでも自由だが、手の伸びる場所にしか現実世界はないと感じていた。海の向こう側にはきっと終わりがあり、それは滝壺のように水がここではないどこかへ流れ落ちていくのだろうと思っていた（これは昔やっていたゲーム『巨人のドシン』の影響が強いが、幼い私はそうだと信じていた）。東京なんて違う国のような感覚。初めて訪れるまで本当にあるのかさえ疑わしかった。目に見えて自転車でいける場所が、私の世界のほとんどだった。海外旅行という言葉は現実味がなく、金属の塊である飛行機が空を飛ぶことが、にわかに信じられなかった時期もある。大人になり、その全てが間違った認識だと学んでいったが、人生のほとんどの時間を日本で過ごしている私は、日本の文化にどっぷり浸かっている。

料理にしても、洋風の食べ物は聞きなれない名前が多く、はて一体どんな食べ物なのだと考えてしまう。レストランに行っても、特製なんたらソースなどと横文字でたっぷり書かれていると、味の形が想像できず、どうしたものかと途方にくれる。知識があれば、今よりもっと食が楽しくなるだろうか？

さて、先ほども書いたように、私は現在、料理が趣味になりつつある。いや、趣味になっている。東京での暮らしも気がつけば長くなり、ここ数年は自炊の頻度もかなり上がってきたのだが、生活を回すための食事はただの惰性で作っていた。大抵決まった食材が冷蔵庫にあり、レパートリーの中で手早く、それなりの料理を作って食べる。時々、どうしようもなく気持ちが塞(ふさ)ぐと、私は何かを煮る。ピーラーを使わず、根菜の皮を包丁で剝(む)く。いつも以上に時間がかかり、集中もしている。気を抜けばざくりと指を切ってしまう。そうして何かに没頭していると、嫌なことも、心にかかったもやも一時的に姿を消してくれるのだ。そして、負の感情を鍋の中に放り込む。今朝も天気の悪さと、自分自身への苛立ちから、冷蔵庫の野菜をとにかく細かくみじん切りにし、鍋にぶち込み、ミルク味噌スープにして煮込んだ。味噌の塩気がミルクとよく合い、体が芯から温まる。ほっと一息つくと少し気持ちが軽くなっていた。私の悩みなど、その程度のことかもしれないが、こうして心の調子を煮たり焼いたりして整えているのだ。

そんな私が、自分の心を保つためではなく、楽しむためにも料理を始めた。これは大きな変化である。

この夏、ベイキングにどっぷりハマった。オタク的に言えば、沼に落ちたのだ。お菓子作り、パン作りとは進んで言いたくない。「ベイキング」にハマったのだと言いたいのは、『ブリティッシュ・ベイクオフ』というイギリスの番組がこの沼に足を踏み入れるきっかけを作ってくれたからだ。私は今かぶれている。

イギリスのアマチュア・ベイカー（パン作りやお菓子作りをする人たち）が集まり、その頂点を決めるという番組である。日本の昔懐かしい『TVチャンピオン』に少し似ているかもしれない。ケーキ、クッキー、パンなど、週ごとに課題が変わり、出場者たちはオリジナルを二品、番組から出されたテクニカルの課題を一品、どれも制限時間内に作り上げなければならない。このテクニカルの課題が鬼門である。ベイキングが好きな出場者も、作ったことのないレシピはごまんとある。出された課題に対し「見たことも、食べたこともない」と慌てふためきながらも、自分たちのこれまでの経験とレシピをもとになんとか完成に近づけていく。

メレンゲのお菓子パブロヴァや、フィロ生地なるものを使ったバクラヴァという非常に甘いお菓子など、見たことも聞いたこともない食べ物が出てくるのも面白いところである。プディングといっても、スイーツとしてのプディングもあれば、セイボリー（甘くない）のプディングもある。私が持ち得るプディングの知識は『美女と野獣／ベルの素敵なプレゼント』の中で、時計のコグスワースがクリスマスのプディングに対して非常に浮かれていたことで、その様子しか想像ができない。子供の頃はプリンのことだと思っていたが、いまだにプディングの正体がわからないどころか、番組を見始めてからその実体の謎が深まるばかりである。

驚いたのが、日本では割とポピュラーなデニッシュパン「クイニーアマン」を出場者たちが知らなかったことである。レシピを眺めながら「一体どんな食べ物なの？」と頭を抱えていた。その姿を見ながら、あれだけ私の知らない横文字の食べ物を作り出すのに、クイニーアマンは知らないのか！と驚きを隠せなかった。

デニッシュ生地を焼くときに、大量の砂糖をまぶし、生地表面がカラメリゼされた状態になったものがクイニーアマンである。光沢があり、厚みがあるカラメル部分を噛み砕くと薄い氷面を割ったような軽快な音と共に、強い甘みが口の中に広がる。カラメル部分は舌の温度で溶けてゆく。焼成され、バターが溶け出してできた生地の空洞が、サクリとまた違う食感をもたらす。甘さと、歯応え、バターと、カラメルの香り。こんなに食べていて楽しく、幾重にも満たされる気持ちになる菓子パンがあるだろうかと思っている。私はクイニーアマンが大好きなのだ。本当はフランスの菓子パンらしいが、もともとイギリス発祥の食べ物だと勝手に思っていた。だからこそ、番組に出ているベイカーたちが知らなかったことが信じられなかったのだ。しかし、そこは数千人から選び抜かれた人たちである。簡易的なレシピを見ながら、きちんとクイニーアマンが仕上がっていく。ちょっと失敗しても、それが思いがけなく功を奏し、高い評価につながることがあるのもこの番組の面白さだ。

そしてこの番組は、とても平和なのもいい。十人程度の出場者たちは、同じベイキングが好きなもの同士として、リスペクトし、励まし合い、時には他の出場者に手を貸すことさえある。制限時間ギリギリで仕上げが間に合わない人のために三、四人集まり、みんなで必死になって飾り付けをしていたりする。

番組の初代MCのメルとスーのコンビも、この番組が持つピースフルな空気に一役も二役もかっている。審査員がイマイチだと評した作品も「私はとっても好み。いくつかもらっていくわ」と言って、ズボンのポケットにしまってしまうチャーミングさがあるし、つまみ食いをしてハプニングが起きてしまうこともある。『ブリティッシュ・ベイクオフ』は、この二人のMCが出場者を競わせないところがとてもいい。常にフラットであり、みんなを笑顔にさせることを大切にしているのが伝わってくるからこそ、自分の心が荒（すさ）んでいる時でも見ることができる。

夏に酷く体調を崩し、寝たきりの生活をしていた時、朦朧（もうろう）とした意識の中で、『ブリティッシュ・ベイクオフ』を流していた。英語は時には子守唄のように甘く意識を溶かしていくが、メルとスーのチャーミングな振る舞いに随分救われていた。傷付かずに見ることができる番組は安心する。

名物審査員のポールとメアリーの存在も欠かせない。出来上がった作品に正直に応える二人だが、パイやタルトの底が湿っていないか必ず執拗に確認するところや、味わいのバランスに言及する部分に個性があって面白い。メアリーはどんなに酷い部分があろうと、必ず一つ褒めようとする。お菓子作りに向き合う彼女の姿は無垢(むく)な少女のようで、私もメアリーのような歳の重ね方をしたいと憧れる。

一方、有名なパン職人のポールには厳しい面があるが、出場者たちの彼への羨望の眼差しを見ると、彼のベイキング界での偉大さが言葉無くしてよくわかる。作った作品を褒められ握手を交わした出場者は、泣いて喜んでいた。私もポールのレシピはいつか作ってみたいと自分の作れそうなものを探しているところだ。

ここまで熱く語った『ブリティッシュ・ベイクオフ』との出会いが、私をベイキングの世界へと導いてくれたのだ。

焼菓子を作るにしても粉を振るったり、バターを常温にしたりする作業が面倒くさいと感じていた。混ぜて焼いたらなんでも同じでしょと。私が何かを焼くときは、決まって心が荒んでいるときだから、細かいことは煩わしく、混ぜて、焼く。それでお終(しま)いだった。

番組を見ていたら自分も何かをベイキングしたくなった。出場者は苦悩しながらも、作ることを全力で楽しんでいる。何かに夢中になっている人たちは、その周りにもプラスのエネルギーを与えてくれる気がする。これまで時間がかかって大変なパン作りはしないと考えていたが、気がつけばパンを作らずにはいられない気持ちになっていた。

生地を捏ねていくと、最初は全くまとまりがなく不安になる。手にべっとりとくっつき、途方にくれた。けれどレシピを信じ、めげずに捏ね続けると、こちらの込めた力に応えるように、生地は扱いやすくまとまっていく。

その日の気温、湿度で材料の配合を変えると言っていたパン屋さんに対して職人気質だなあとぼんやり感じていた私も、今はその意味がよくわかる。人間の気分や体調が天気に左右されるのと同じように、生地の様子も変わってくるのだ。湿度が高ければ水分は気持ち少なめに、そうしないとベタついて扱いづらい。様子をよく感じとり、「乾いてる」「もっと休ませて」「まだ捏ねて欲しい」と聞こえてくる生地の声に耳を傾けると、美味しいパンになってこちらに応えてくれる。

発酵した生地は白く、まあるくボウルの中で膨らんでいる。そこに拳を押し込むと、小さなガスがぽしゅっと抜ける声がする。小さなため息のようで、なんとも愛らしい。生地と会話をするなんておかしなやつだと思うかもしれない。けれど、これは本当のことなのだ。

雑な対応をすれば、仕上がりは硬くぱさついたものになる。丁寧に、愛情を込め、心を寄せるほど、柔らかく、滑らかな美味しいパンになるのだ。これが楽しくてパン作りの沼にハマっていったのである。

作る度、人と接する時と似ていると感じる。人付き合いは苦手だが、パン付き合いは積極的にしていきたい。

これまでは生活するためと、ストレスの捌け口だった料理が、楽しいものに変わっていった。次の休みは何を作ろうかと考える時間は顔が綻ぶし、レシピ本を眺めていると心が満たされていく。フランス菓子の作り方が載っている、装幀の可愛らしい大判の本も買った。疲れたと思うとき、その本を手にする時間が今は特に好きだ。

友達と作ったパンやらお菓子を写真で共有していたら、「今度作って欲しい」と言ってもらえるまでに見た目がよくなってきた。我ながら、食パンは買うよりも自分で作った方が好みのものが作れるようになった（それでも好きなお店の食パンは買ってしまうが）。

趣味としてベイキングをしたり、料理を作ることは楽しい。ただ、私はそれを仕事にはできないなと思う。決定的にオリジナリティに欠けるのだ。季節のものを使いたくとも、やはり誰かのレシピを見ながらでないと不安だ。まだまだアマチュアであり、経験が少ない。そして今楽しいと思っている作業の数々を、仕事として責任を持ち、いつも同じクオリティで提供するとなると、身が縮む。それでも友人からかけてもらえた言葉は素直に嬉しかった。大人になると褒められる機会がグッと減る。だから嬉しさを込めていつか作って届けたいなと考えている。

子供の頃、何になりたいかと聞かれたとき、たしか先生の絵を描いた気がする。その時すでに、学芸会が年中行事の中で何よりも好きで張り切っていた私だが、「お芝居をする人」の仕事の名前を知らなかったのだ。だから考えた挙句に、学校の先生の絵を描いたのだと思う。ベイキングが好きになるのがもっと早い段階だったら、「パン屋さんになりたい」と言っていただろうか？

今は手間と時間をかけて作られたパンを見るだけで、愛(いと)おしい気持ちでいっぱいになる。見た目を楽しみ、真ん中で割ってみた時の生地の具合や、クラストに惚れ惚れして、これまでとは違う視点でパンを楽しむことができるようになった。もともとパンを食べるのが好きだったが、今はより好きになった。ベイキングは奥深く、美味しい沼である。

ベイキングに打ち込む人はみんな小麦粉のようにふんわりした空気を纏（まと）っている。子供の頃、近所に「ジョイフル」というパン屋さんがあった。私はそこで売っているブタの顔の形をしたチョコレートパンが好きだった。中を割ると、チョコチップの粒が所々溶け残ったチョコレートが入っているのだ。時々コリッとする食感を楽しみながら、ブタの顔を分解しながら食べていた。両親が共働きだということを店主のご夫婦は知っていて、時々「今日は一人でお留守番？」と奥さんが声をかけてくれ、「内緒ね」とジュースやパンをおまけに袋の中に入れてくれたりした。二人はいつも柔らかい笑顔を浮かべていて、パンのことも、ご夫婦のことも私は好きだったのである。

最近、週に一度だけオープンしているベーグル屋さんにベーグルを買いに行く。どうにかしてこの店の常連になりたいと思うほど、執心しているベーグル屋さんだ。その店主さんも柔らかい雰囲気がある。時々二、三言葉をかわす。あの時のベーグルがすごくおいしかったと感想を伝えると、破顔してくれる。ああ、よくわかる。誰かに

「美味しい」と言ってもらえることって嬉しいよなと。

私も生地を捏ね続け、パンもお菓子も上手に膨らませられるようになれば、もっとふんわりとした、角の無い人になれるだろうか？　白いちぎりパンのような、ふわーっとした人になってみたいものだ。

大人になって出会えた新たな趣味。これまでは出来上がったものを受け取り、咀嚼(そしゃく)し、楽しむ趣味が多かったが、自分で作り出すことがこんなにも楽しいとは。いつまで続くかわからないが、ベイキングとはこれからも長く付き合っていきたい。

「いってらっしゃい」と生地をオーブンに入れ、焼き上がるまでの時間。漂ってくる香りとともに、胸が高鳴る。出来上がりが上手(うま)くいけば、思わず笑顔になり、失敗しても苦い顔をしながらも結局笑っている。大丈夫、大丈夫、食べられないことはないよと自分で自分を慰められるようになった。

『ブリティッシュ・ベイクオフ』の中で、初めて作ったものを前にし「初めてだから私史上最高の出来よ」と言い切っている人がいた。格好良かった。確かにどんな出来であれ、初めてであれば、この時が最高の仕上がりなのだ。私もこの気持ちをずっと胸に置いておきたい。料理も、生活の中のあれこれも、成功しても、失敗しても、自分史上最高の出来、そうやって最後はふんわり笑える人でいよう。

距離感下手

「人に興味がない」と、幼い頃から口にしていた。外から見れば学校は世間のほんの点でしかないコミュニティだったが、多感な時期を過ごす当事者にとっては、学校こそが世界の全て。

私は小学生の頃から学校に行くことが苦手だった。酷いいじめにあっていたとか、勉強が嫌いだとかではなく、人付き合いに苦手意識を感じていたからだ。

小学二年生の時に転校をし、そこで大きく価値観が変わった。それまで通っていた学校は、上級生も下級生も、みんな一緒に校庭で遊ぶようなアットホームな雰囲気だった。しかし転校した先の小学校は、二年生だというのに人間関係が複雑化していて、私は戸惑った。上級生は近寄り難い雰囲気を放ち、クラスの中では新学期早々、鉄壁の仲良しグループが作られ、この子と仲良くするなら、あの子とは話しちゃダメだとか、あのグループとは関わらないでとか、大人びたやりとりが交わされていた。

みんな友達！といった校風が当たり前だと思っていた私は、驚きを隠せず段々と内向的になっていった。

ある日近所の公園で、当時の友達とかくれんぼをしていた時だ。私が鬼となり、目を閉じて数を数える。百数えたところで「もういいかい」と声をかけるが、誰の声も返ってこない。まだ隠れ切れていないのではと、もう百数えるが、やっぱり返事は返ってこなかった。まだ隠れ終えていなかったらどうしようと不安になりながらも、そこまで大きくない公園の中を探す。サッカーボールで遊べるくらいのスペースがある場所と、滑り台や、ブランコがあるだけの小さな公園で、周囲は木や植え込みで覆われている。大抵、植え込み部分や、木の上を探せば見つかるが、その日はどれだけ探しても誰も見つからなかった。日が沈みかけてきたので、私は一人とぼとぼと家へ帰った。

どうやら仲良くしていた子達のリーダー的女の子が、私を置いて帰ろうと提案したようだ。あの日私を公園に残し、みんなでリーダーの子の家へ行きゲームをしていたという。

クソ食らえと思った。非常に腹立たしく、悔しく、私はその子達と遊ぶのを止め、「世界が滅びればいい」と口にして母を困らせるようになった。

それからは特定の大きなグループの中に入らず、クラスメイトは同じ教室内で生活するだけの子達で、無理に仲良くしなくとも大丈夫と考えていた。無理をして仲良くし、傷付くのが嫌だった。けれど、クラスの端っこにいた私に声をかけ、ずっと仲良くしてくれた二人だけは別だった。同じ漫画やゲームが好きで、なんでも共有でき、クラスが分かれても関係は変わらずにいつも一緒。大切な幼なじみとなった。

中学生になり、三学期の終わり頃になると毎年「このクラスから離れるなんて信じられない」とか、「○年○組最高！」と高らかに宣言するクラスメイトがいた。教室の端っこでひっそりと息をしていた私のような人間は、そのような感情になれたことが一度もない。移動教室もトイレも、一人で行動した方が早いから大抵一人だったし、体育祭の時期になると「優勝するぞ！」と盛り上がるクラスメイトに対し、運動神経のない私は気が塞いだ。当時は一致団結という考えが苦手だった。

この頃は自律神経がかなり乱れていたり、貧血で倒れたりすることもよくあったので、体力的にも精神的にも、学校にいることが苦痛であり、自分のペースではなく、みんなで足並みを揃えて同じ方向を向くことがうまくできなかったように思う。

中学の修学旅行で訪れたディズニーランドでは、幼なじみ達とは別のクラスで、クラスの中で班決めがあったにもかかわらず、気がつけば一人でパークを回ることになっていた。初めてのおひとりさまディズニーである。

しかし、パークを回っているうちに担任の先生に見つかり、もう一人、単独行動をしていた女子と三人でスペース・マウンテンに三回も乗った。なんという思い出だろうか。でもイレギュラーな楽しい思い出として今もよく覚えている。

高校生になると塞ぎ込みが加速し、人との距離がさらに遠のいた。クラスの中で口を利くことはほとんどなく、話しかけられても首を縦に振るか、横に振るかで意思表示をしていた。

幼なじみ達とは学校が離れてしまい、最初は友達と呼べる人が誰もいなかった。しかしある時、中学の同級生が一人教室を訪ねてきて、クラスでの居場所がないから仲良くしてほしいと相談をしてくれた。クラスも部活動も違ったが、漫画が好きという共通項があり、在学中は彼女と一緒にいる時間が多くなっていった。あの頃の私は単純に頼ってもらえたことが嬉しかったのだと思う。

「人に興味がない」とはどのような状態だろうか。言葉にすると、非情で、冷酷で、人を近づけさせない近寄り難い雰囲気がある。

周りから一匹狼気質だと言われることはあるし、自分でも自覚はしている。アイドルをしていた時も、大所帯の中で隅っこに席を取り、机の上に置いたカバンを壁のようにして姿勢を低くし、本を読んだり、ポータブルDVDプレイヤーで一人映画を見たりしていた。仕事現場でも特定のグループに属することはなく、ひっそりと過ごしていた。

人に「興味がない」のに、どうしてアイドルとしてファンの人たちと会話ができたのかというと、私はファンの人たちを信頼していたからだと考えている。わざわざ会いにきてくれる人たちが、意地悪なことを言ったり、したりしてくるはずはないと思っていた。だから一人一人と短い時間ではあるが会話をすることができたのだと思う。でもバックステージに戻ると、いつも通り、またひっそりと隅っこで息をする。

ある日「そんな感じで共演者の人と仲良くなれるの?」と友人に聞かれた。なんとこんな一匹狼気質の面倒くさい人間にも、ちゃんと友人がいるのである。不思議なことだ。

現場には常に小説を一冊持ちこみ、それを読んでいることが多い。時々「何を読んでるの？」と話しかけてくださる方もいるけれど、大抵は作者の方の名前と、作品名を答えて、簡単なあらすじを話すくらいで会話が終わってしまう。微妙な沈黙が流れた後、相手の方がもう一度話し出すだろうか、私は本に視線を戻してもいいだろうかと悩む時間が苦手である。パッと本を上げた瞬間に次の話題が始まると「まずった！」と慌てて読みかけのページに指を挟み会話を続けようと試みるが、

「松井さん、休みの日は何してるんですか？」

「……本を読んだり、映画を見たり、猫とゆっくりしてますね」

「猫飼ってるんですか」

「はい、二匹」

「いいですね」

「ええ、猫はいいです」

大抵こんな会話で終わってしまう。普通ならここで相手の方に、

「○○さんはお休みの日は何をされてるんですか？」

と同じ質問を返すべきなのだが、それができないことが多い。慣れない人と話すことに頭が一杯一杯で、余裕が全くないのだ。ひどい時は心臓の音が頭の中に響くほど聞こえ、話そうとしようものなら舌を嚙んでしまったりする。

相手に質問を返せないことに関して友人からは「それは失礼だ」とお叱りの言葉を受けた。常識のある友人だ。

「どうして友達といる時はそれなりにコミュニケーションが取れるのに、他の人は無理なのか」という自分の内面をひもとくための新たな課題を投げかけられた。

確かにそうなのだ。友人達とは五時間も六時間も話していられる（ただ久しぶりに会うと緊張して舌を嚙むし、何を話すべきか考えすぎて汗ばむこともある）。くだらないことも、最近起きた刺激的な出来事もシェアする。

今でこそ心臓が跳ね上がるほど緊張することはほとんどないが、最初の頃は緊張しながら、一つ一つ言葉と相手の反応を窺い（うかが）ながら話していた。変なことを口にしていないか、失礼はないか。どうやって人と話せばいいだろうかと、頭の中はぐるぐると大忙し。

そんな風に人と話すことが苦手な私が、新作小説の制作のために何人かの方に取材する機会をいただいた。

「松井さんの聞きたいことを聞いてくださいね」

開かれる会を目前に、私はそれはもう狼狽えていた。聞きたいことはあるが、それをどう聞いたらいいものか、これが全くわからない。

ドラマの現場で些細な日常会話すらままならないことがある私が、人に質問をすることをもっとも苦手とする私が、「インタビュアー」という立ち位置につくのだ。自分からセッティングしてもらった会にもかかわらず、想像しただけで目眩がした。

職業柄、普段はインタビュアーさんから、出演した作品の話を聞いてもらうことが多い。インタビュアーさん達は、こちらの胸のうちにある言葉を引き出すのが本当に上手い。それを仕事にしているのだから当然であるが、そのスキルはどうやって培うのだろうか。

質問の答えを受け、次から次へと流れるように話題を切り変えていく。まるで木々を移り渡る鳥のように思える。この木の次は、こちらの木へ、あっちに飛んでみても面白いかも。頭の中でロジカルに、質問の順序や道筋ができているのだろうが、話す側としては非常に安心感がある。そういう素敵な方に話を聞いてもらえると、忘れていた記憶が思いがけないところから顔を覗かせることがあり、話がより深いものへと変化していく。終わった後には「ああ楽しかった！」とほくほくした気持ちになるのだ。

相手に気持ちよく話をしてもらえる受け答えは才能か、スキルか。ただわかるのは、私にその役目が回ってきているということなのだ。

ここでまた「人に興味がない」という感覚に立ち戻る。とても突き放した言葉と感覚だ。正確には興味がないわけではない。ただ本当に相手に何を聞いたり、話したりしていいのかがわからなくなるのだ。

人には踏み込まれたくない精神的パーソナルスペースがある。それぞれ形も大きさも、深さも違うものだ。もちろん私にもある。突然心の障子を突き破り、土足でズカズカと入ってこられて、荒らされた心の惨状にやるせない気持ちになったことがある。自分が嫌な気持ちになったようなことを相手にしたくない。だから関係が深くない人に言葉をかけることに非常に慎重になる。どこに踏み入られたくない領域が広がっているかわからないからだ。初対面の人なら尚更慎重になる。

そこで私は「これから聞くことの中には、ご自身のパーソナルな部分に触れる質問もあると思います。もし答えたくないことがあったら、答えていただかなくても大丈夫です。失礼なことを聞いてしまったらすみません」と先に断っておくことにした（なんと仰々しい前置きだろうか。この時点で向いていないのがよくわかる）。

こちらからお願いをして話をしてもらう相手に、気分を害してほしくはない。それだけが強く胸の中にあった。

聞く側も、話す側も人間だ。もちろんフィーリングの合う、合わないもある。こちらも、相手も、仕事だからドライな部分がもちろんあるが、それにしても本当に「私には興味がないんだな」と伝わってくる相手も中にはいる。名前を別の人に間違えられたままインタビューが始まったこともあったし、質問内容がWikipediaを上から順番に読み上げているようなこともあった。

仕事だからとはいえ、興味がないのに話を聞かれているというのは、こちらにも伝わるものだ。できるだけきちんと受け答えしたいと考えるが、そういう場合は話が噛み合わずお互いに疲弊していくのがわかる。

今回の取材は、私が話を聞きたいとお願いした人達である。表に出ている方にも協力をしてもらうことができ、絶対に相手のことをきちんと調べ、過去のインタビューをしっかり読み、それを踏まえた上で本当に自分の聞きたいことをリストアップするぞと意気込んだ。

インタビューはオンラインだ。数日前から相手の方の映像を見て、視覚的にその人に画面上で会うことに慣れておくようにした。いつも使っているパソコンの画面上に常にその方の映像が流れ、声が部屋に響いている。どんなものが好きで、どんな場所に行き、どんなことで楽しい気持ちになるのか。知れば知るほど、魅力的で、考え方に芯があることがわかり、お会いできるのが楽しみになってくる。人に興味がないと言ってしまう私が、相手の方のことをどんどん知りたくなっていたのだ。

だが、今度は相手のことを調べすぎたせいで、聞きたいことがなくなってしまったのである。ハマってしまうと、その一点にのめり込む性質のある私である。知りたかったことの多くは、過去のインタビューなどで答えていて、聞きたかったことの大部分が集まってしまった。

インタビューの日を目前にし、また頭を抱えた。

私は心配性なのだ。どこかに行くとなれば、その場所をしっかりと調べる。どんな道順で、周りには何があるとか、何が美味しいとか、行った人の感想とか。

テーマパークに行く時も、期間限定のメニューやグッズを調べあげ、何をしたいかを頭の中にリストアップする。タイムスケジュールをある程度作っておくと安心で、一人で行く時はやりたいことを一つずつクリアしていくことにも楽しさを覚えるのだ。……もしかしたら、私は人に「興味がない」わけじゃないのではないだろうか。人とあまり話さないのは、相手が話すことは予測ができないからかもしれない。どんな答えがその瞬間に返ってくるか、場所やもののように調べておけないため、心の準備ができないのだ。それが不安だから、話すことを控える、という選択を知らず知らずのうちにとっていたのではないだろうか。

今回のインタビューは、たくさん調べたおかげで、なんとか無事に終えることはできた。お話しさせていただいた方々はとても優しく、質問に対し多くの言葉を返してくださったりして、過去のインタビューなどで読んできたことをさらに深掘りしたお話も伺うことができた。

ただ、相手に気持ちよくお話ししてもらえたかは……自信がない。

話を聞くこと、それをメモすることを心がける。でもメモしすぎると相手の顔を見てちゃんとお話が聞けず、失礼になるかもしれないと思う。さらに答えてくださったことへの私の考えなどを伝えながら、次の質問への導入を考えていく。頭の中が一時間フル回転でマラソンをしている気分になった。デスクの前で座って会話をしているだけなのに、終わった頃には毎回ぐったり。お腹がぐるぐると音を立てる。頭を使うとエネルギーを消費するというのは本当なのだなと思いながら、シチュースプーン山盛り三杯の粉で作る激甘ココアを飲んでひとまず頭と体をリラックスさせた。

人に話を聞く仕事というのは技術職だ。これまでも敬意を抱いていたが、いざ自分が体験してみるともう頭が上がらない。インタビュアーさんは日々この大変な作業を繰り返しているのだ。相手のことを調べ、初対面でもリラックスした空気でお話ができるようにアイドリングトークをし、きちんと作品やインタビューテーマに沿って核心へと迫っていく。その中で記事の見出しになるような言葉も引き出さねばならないのだ。ひゃー。お手上げ。

今回私には圧倒的にインタビュアーとしての素質がないと痛感した。けれど、お話を伺っている中で、予想していなかった考え方や、はっとするワードが相手から飛び出してきた時、アドレナリンがブワッと溢(あふ)れ出した。それについてもっと教えてほしい、どういうことなのかひもといていきたい。そこから相手の新たな核の部分を、少しだけ見せてもらえた時、心を開いてもらえたような気がした。「ここだけの話なんですけど」という前置きで秘密を共有してもらえたようで嬉しかったのだ。

予想できないことが楽しいと感じられたこの気持ちが新鮮なまま、常日頃から相手のことをもっと知りたいという姿勢を見せていきたいと考えるが、実行にうつせるかどうかはわからない。

いつか親しい友人達のように、初めましての方とも会話で上手くコミュニケーションが取れるようになれたらいいのだが、道のりはまだまだ遠そうだ。予想ができないことはまだ怖い。

昔の私は本当に「人に興味がない」人間だったと思う。コミュニケーション不足がまねいた結果かもしれない。

撮影現場では作品の話になれば共通項が見つかる。それを元にスムーズに会話できる時もあるが、今後はインタビュアーになった気持ちで相手のことに深くせまってみると、その方の新たな一面を知ることができるかもしれない。もちろん、不快にさせない距離感で。

ストローから学ぶ伸びしろ

ストローで飲み物を飲む時、自然と上唇を巻き込む癖がある。その飲み方をしている自分は鼻の下が伸び切った状態の、間が抜けた顔をしていて好きではない。しかし、嫌だ嫌だと思っても上唇を巻き込んでしか飲むことができない。

それに気がついてからというもの、他の人がどんな風にストローを使うのか、気にしてじっと見つめてしまう。

大抵の人が唇を少し尖(とが)らせるようにして、ごく自然に飲み口部分を上下の唇で挟み込む。そしてとても器用に飲み物を吸い上げるのだ。その姿を見ると、本当に唇で挟み込むだけの吸う力で、フローズンドリンクや、タピオカが吸い上げられるだろうかと懐疑的な気持ちになる。想像するほどに、

「そんな口元で吸えるわけがないだろ！」

ともう一人の自分が騒ぎ出し、心がかき乱されていく。

上唇を内側に巻き込み、歯に押し当てるようにして一気に飲み物を吸い込む。これが一番力強く飲み物を吸い上げられる気がするのだ。物心ついた時からこの方法でストローを使っている私は、普通の飲み方の真似をしてみるが、どうにも飲めている気持ちになれない。吸引力が圧倒的に心許(こころもと)ない。液体を吸い上げるので精一杯。タピオカを吸い上げるなど未知の領域である。

これからもずっと、上唇を巻き込み、鼻の下を伸ばしたままの間抜けな顔でストローを吸い続けるのかと思うと悲しくなる。できれば人前でストローを使いたくないほどだ。

それと同じように、直すことの難しい自分の嫌いな部分がある。それは歌うことだ。保育園の頃は歌って踊ることが好きで、園内にある手作りの簡易ステージの上でスタンドマイクの前に立ち、毎日一人でライブをしていた。子供達はみんなそのステージが好きで、入れ替わり立ち替わり歌っていたが、あの場所で誰の評価も気にせず好きなように歌っていた時間が何よりも楽しかった。

しかし保育園に通っていた頃から、私の音楽センスはイマイチだったようだ。『きらきら星』を頭から最後まで、伴奏から半音ずれた音程で歌っている姿を見て、母は絶句したという。

母曰く、原因は保育園の先生のお手本が間違っていたから、らしいが、そんなことはない。私に持って生まれた歌の才能がなかっただけだと思う。それでも幼い頃は自分の歌が下手だという自覚はなかった。ジャイアンのように大きな声でめちゃくちゃに歌いまくっていた。

六年生の頃、好きなアニメの曲を歌いながら友達と歩いていた。何度も何度も聴いているその曲を大声で歌い上げていると、

「玲奈ちゃん、音が外れてるよ。恥ずかしい」

と友達に指摘された。頭の中では正しい音楽が流れているのに、口から出る音階は違っていることをその時初めて自覚した。友達が言うように歌ってみても、

「やっぱり違う。ズレてる」

と苦笑いをされた。もう少し高い音だと言われても、私の頭の中でその音のイメージは下がっていて、違和感を抱きながらも「ここは高い音」と意識して歌うとそれが正解と言われた。これは今でも直ることがなく、どうやら音の上がり下がりの認識に

ズレがあるらしい。

初めて友達とカラオケで採点機能を使った時も、周りはみんな八十点台を出しているのに、私だけ六十点だったりして、段々と人前で歌うことが楽しくなくなっていった。

けれどミュージカルが好きだし、音楽が好きな気持ちは変わらない。部屋の中で音楽を大音量で流し、ボーカルの声に合わせて一緒に歌う。その瞬間は、自分がとても上手な歌手の一人のように感じられる。

「歌が下手なんですよね」

と言うと、大抵の人に驚かれる。

「歌って踊っていたのにそんなわけないでしょ」

そんなわけが大いにある。学生時代の合唱コンクールでも、一人二人、下手くそな人間が混ざっていたとてバレはしない。多少音を外しても、周りの正しい音程に隠れる。古木(こぼく)を隠すなら森の中、である。

そんな私が、役者になりたいという夢を叶(かな)えるために、歌うことがついて回る仕事を選んだのは驚きだったし、この歌唱力でオーディションに通ったことも驚きだった。

レコーディングをしていた時、

「玲奈は歌が下手だから大きい声で歌わないで。こっちがわからなくなる」

「そんなに下手なのに、よく恥ずかしがらずに歌えるよね」

そう言われたことがあった。

ああ、やっぱり自分は歌が下手なんだなと再認識した。

エンジニアさんにも、

「最初はどうなることかと思ったよ」

と言われ、その時はチクリと胸を刺す感覚に気づかないふりをして、笑ってやり過ごした。

目も当てられないほどの歌唱力だった昔よりは、きっといくらかましになっている。他人からすればほんのわずかな成長を、自分自身で拡大解釈することに決め込み、大いに自分を褒めてあげることにした。しかし面と向かって言われたこれらの言葉達は、呪いの紐となって私の喉のあたりをぐるぐる巻きに締め上げている。

それでもどうにかこうにか自分を納得させ、音楽が好きという気持ちのもと、安心できる環境で時々歌うことをしていた。でもいつも不安と隣り合わせだった。上手く歌えているか、私の歌で不快な気持ちになっている人はいないか、人様に聴かせられるものだろうか。頭の中は大忙しで、歌が好きなのに気を抜けば号泣してしまいそうになる。

そんな私にミュージカルのオーディションの話が舞い込んだ。

話をもらった時はかなり動揺した。

プロデューサーさんは私の歌を聴いたことがあるんですか？　本当に私でいいんですか？　誰かと間違えているんじゃないですか？　とマネージャーさんに何度も何度も確認をした。プロデューサーさんからは、

「松井さんに合っている役だと思うから挑戦をして欲しい」

と伝えられた。

私はミュージカルを見ることが大好きだ。初めて劇団四季の『キャッツ』を見た時、専用劇場のそこかしこから猫に扮したキャスト達が現れ、素晴らしい歌とダンスを披露してくれた。生で聴く「Memory」の美しいメロディーと歌声は今でも耳の奥で鳴り続けているし、思い出すだけで体の芯が震える。華やかで、眩しくて、手が届かない場所だと思ったのと同時に、涙が出るほどあの場所に立ってみたいと感じた。

自分がミュージカルのステージに立つことができたらどれだけ幸せだろうか。

人間の心理とは不思議なもので、遠ざけたいと思っているにもかかわらず、自分から近寄ってしまう時がある。苦手な歌も、もしかしたら克服できるようになるかもしれない、今回こそは、とかけてみたくなった。逃げていては夢は叶えられない。

課題曲を確認する初めてのレッスンが終わった後、先生からはもう少し基礎の練習を頑張りましょうと伝えられ、ボイストレーニングの自主練が始まった。基礎練のメニューを作ってもらい、毎日練習に励む。聞くところによると、私以外のオーディション参加者はそういった追加のレッスンはなかったらしい。この時、既に、あ、まずいな、と感じていた。わかってはいたけれど、歌唱力の点で私は圧倒的に出遅れていたのだ。

何事にも日々の積み重ねが重要である。自分の目指す場所が決まっているなら、そこに向かって必死に走るしかない。ミュージカルのステージは、できたらいいな、やれたらいいな、では到底辿り着けないエベレストの頂上のような場所なのだ。

鏡の前に立って発声練習をしたり、歌いながら音階を追ったりしている時に、突然涙が込み上げてくる瞬間がある。今回は自分と向き合う挑戦の期間だと考えているのに、上達できない自分が酷く惨めに感じられてくる。

もっと上手い人たちがいる。

頑張っても到底人前に出られるレベルにはなれないかもしれない。

声を出す度に足の先から劣等感が積み上がってくる。濁った色に染まった歌声は自分の耳で聞いていても歪んだ音で美しくない。どこもかしこも苦しくて、鏡に映る自信のない自分を直視することができず、喉元あたりに視線を落として向き合っていた。

「正面を見て、もっと笑顔で歌いましょう」

そう言われて無理やり口角を上げてみると、わずかに音が明るくなる。口角を上げれば綺麗な音で歌えるのに、苦しくてしょうがなくて笑顔で歌うことができない。不甲斐なくて目頭がじんわりと熱くなる。

今はレッスンに集中せねばと涙は堪えたが、レッスンの度に自分に対して深く落ち込み、熱心に向き合ってくれる先生への申し訳なさが強くなっていった。

「松井さんは伸びしろばかりで、短期間でもすごく成長してる」

そう励ましてもらえるが、素直に言葉を受け取れないくらい卑屈な気持ちになっていた。

もちろん落ち込むだけではない。自宅での基礎練習を重ねオーディションに備えた。苦手なことでもやる。僅かでも望みがあるのならやる。毎日素振りをする感覚で、地道に基礎練習を重ねた。

ついに来たオーディションの日。いつもより早く起きた私は既に緊張していた。頭の中は失敗したらどうしようと不安ばかり。発声練習をし、軽く体を動かして体を温める。おさらいするように役の心情をイメージしながら歌ってみる。緊張しているにしては、柔らかい歌声だった。

ミュージカルの歌はお芝居でもある。上手さも大切だけれど、ハートの部分も大切、と自分に言い聞かせ、楽譜とセリフの書かれた紙を大切に鞄にしまい、オーディション会場へと向かった。

オーディションはずらりと並んだ審査員の人々の前で、課題のお芝居と歌を披露するシンプルなものだ。

オーディションはカメラの前に立つよりずっと緊張する。芝居をすることは同じなのに、見つめられている対象が、レンズから人の目になるだけで、こんなにも動揺するものかと毎回驚いてしまう。

しかし今回はいつもと違った。お芝居の審査が始まると、ふっと目の前に物語の世界が現れた。私の演じる役が住んでいる大切な家。家具も、窓も、ドアも、全てが鮮明に目の前に見える。思うままに動くと、役と一心同体で話している感覚があった。芝居中、そういったゾーンに入る時が稀にある。それでもどこかで自分の意識をしっかり持ち、客観的に心の手綱を摑んでおかなければいけない。

普段のオーディションでは、慣れない環境に心臓が跳ね上がり、心が暴れ回ってしまうことがあるが、この日はなぜか体の力が抜け、穏やかな気持ちで演じ切ることができた。

演出家から追加の演出を受けて、もう一度同じ場面を演じた時、より役にのめり込む感覚で演じることができ、セリフの一つ一つが愛おしくてしょうがなかった。絶対にこの役を演じたいし、何よりお芝居をしていることが楽しくてしょうがなかった。もっともっとと思ったが、鬼門の歌唱審査が待ち構えていた。

「では、次は課題曲を」

と言われた瞬間に、さっきまでの柔らかかった体が一気に硬直した。

課題曲のピアノが鳴り始め、靴の中でつま先にぎゅっと力を込めた。大丈夫、自分の思うように体は動かせる。そう言い聞かせたが、歌い始めると、気持ちは入っていくのに、体の方が言うことを聞いてくれない。動かない体に無理に力を入れると、感情の方にも無理が生じてくる。さっきまで摑めていた手綱があっという間に手から離れてしまった。

歌えてはいるのに、息を吸うのもやっと。次のセクションでは苦手な高音が出てくることが頭をよぎると、喉がぎゅっと締まってしまう。どうにか高音は出たが、練習の時の伸びやかで気持ちのよい感覚とはかけ離れていた。喉を締められた鳴き声のようだったかもしれない。

不安な気持ちに引っ張られないよう、前だけをしっかりと見据える。自分の体をコントロールできないというのは、とても苦しい状態で、大海原に突き落とされて溺れているような感覚だ。もがけばもがくほど、体の自由が利かなくなりパニックに陥っていく。

それでもここで折れてはダメだとグッと踏みとどまり、なんとか最後まで歌い切った。

数日後、伝えられた結果は、

「お芝居は君が一番よかった。でも、歌は君が一番ダメだった」

思わず声を出して笑ってしまった。そりゃそうだ、あの歌じゃダメだったに決まっている。もっと落ち込むかと思っていたが、なぜだか清々（すがすが）しい気持ちでいっぱいになった。

向き不向きがあるというが、私には歌は向いていないのだと思う。圧倒的に。それを改めて感じたから出た笑いだ。悔しくないといえば嘘（うそ）になる。とても悔しいが、確かな手応えがあったお芝居をよかったと褒めてもらえたことが大きな自信になった。

今回のことで、歌に対するコンプレックスがさらに加速した。もはや犬猿の仲と言ってもいいくらいだし、歌って奴（やつ）と私は永遠にわかり合えない気もしている。喋（しゃべ）ることで精一杯なのに、喋るように歌うだなんて、人生をあと何回繰り返せば習得できるのだろうかと途方にくれる。今、ミュージカル界で活躍している方達は、人生を何周もして、努力の末にスーパーパワーを手に入れたのではないのだろうか。

そんなしょうもないことを考え、現実逃避をするより、もう一度自分の苦手な部分と向き合い、人間関係のように、歌って奴とどうにか手を取り合い、仲良くする方法を考えていかなければ。

それに、やらずに諦めることはカッコ悪い。向いてなかろうと、どんな苦手なことだろうと、一度見た夢だ、歌うことには泣きながらでも食らいついていく。

ただ、勘違いしてもらいたくないのは、表現の幅を広げる観点から歌を克服しなければと考えているだけで、歌手活動がしたいわけではない。それは、絶対に、無理。とここに断言しておく。今の歌唱力ではレコード会社もお断りだ。

ミュージカルはお芝居の総合芸術。演技をし、語りかけるように歌い、華麗なステップを踏む。これができる俳優さんはそう多くはない。だからこそ、歌って踊れて芝居ができることは大きな強みになる。

本格的なミュージカルに出演できたらと考える。

歌が苦手だなんて忘れられたらと考える。

複雑なステップも涼しい顔で踏めることができたらと考える。

すると憧れのディズニープリンセスのようになれるかもしれないと心が躍る。

今のままでは、ストローを吸う顔が間抜けでしょうがないように、私の歌も間抜けなまま。できないと思うことは、無意識の自分自身の決めつけだ。みんな努力をし、今の場所を手にしている。だから私も、〝できたら〟を〝できた〟に変えていこう。

「松井さんは伸びしろだらけ」

人並みの顔でストローでジュースを吸い込めないことも、歌が上手くないことも、伸びしろ。伸びしろだらけなのだ。

夢はでっかく、でっかくだ。

夢が叶った日に印をつける為に、まずはストローを可愛らしく使えるようになろう。

私だけの水槽

地下鉄の駅を歩いていると、遠くで魚の群れが泳いでいた。そんな、まさか。そう思ったけれど、確かに魚がうねるように泳いでいた。光を反射するその眩しさに引き寄せられるように歩いていくと、そこには一枚の絵画が展示されていた。

額縁という水槽の中を、無数の魚たちが渦を巻くように泳いでいた。一匹一匹が光の加減で七色に輝くと、私の目の中で見事に動き出すのだ。仕事の待ち合わせ時間が迫っているにもかかわらず、しばらくその場に立ち尽くしていた。ちょっと気を抜けば泣いてしまいそうなほど美しい一枚の絵がそこにあった。

作品の脇には作者の名前と、この作品へ込めた思いが綴(つづ)られていた。これは父へ贈るために制作した作品であり、自分の生き甲斐である漆(うるし)を使い、父の理想のアクアリウムを描いた、とある。水中の暗さに潜む煌(きら)めきが、漆の艶(つや)で見事に表現されていた。

眩（まばゆ）い魚たちの背中は螺鈿（らでん）という、貝の内側の真珠層をフィルム化してはめ込む技法で作られており、見る角度によって全く違う色で魚たちが自由に泳ぎ出す。
引き寄せられるように出会えたことに感謝をしながら、私は真ん中や、側面、さまざまな角度からしばらくこの作品を楽しんだ。時間も忘れ童心にかえったようだった。その絵は、愛と、生命力、そして自由に溢れ、私は同じ映画を何度も何度も繰り返し見ていた頃のように、目の中で魚を繰り返し泳がせ続けた。そして、ずっと胸の中にあるからっぽの空間のことを考えた。

この間会った人に、

「あなたは人に愛情をあげすぎる」

と言われた。その瞬間、どきりとした自分がいた。

「愛情は無限に生まれてくるように思えるけれど、どんなものも有限。あなたの持ってる愛情もそう。このままだと自分へ向ける愛情が足りなくて、自分事が疎かになる。もっと自由にならないと」

言われてみれば、ここのところ自分のことが全く手につかない。この何年か仕事や日常で違和感を抱いてもグッと言葉を呑み込み、自分の意思は二の次にしていた。

一度、仕事のことで自分の思いを伝えた時、思いがけず「口答えしている」と言われたことがある。反論したわけではなかったが、私の伝え方もよくなかったのかもしれない。しかし、信頼している相手に、自分の意見を言っただけでそんなふうに思われるのなら、黙っている方が平和なのではと感じてしまった。

表に出る人間が意見を述べれば、現場は変えざるを得ない瞬間がある。そうして場が混乱するならば、自分が堪えることで円滑に現場を回す方が精神的負担が少ない気がしていた。波風を立てないように慎重に過ごせば傷付くこともないし、なにより周りが笑顔でいてくれたら、私はそれが幸せで、安心する。

これは愛情とは違うかもしれないが、とにかく全方位に気を遣ってしまうのだ。自分から「私は愛のある人間です」、と言うのは違う気もするが、他人へ向ける思いやりは〝愛〟と呼べるのではないかと私は思う。自分の行動や一言で誰かが傷付くのが嫌だと心底思うし、周りに暗い顔をした人がいると無意識に責任を感じてしまう。それは私自身が、人に言われた何気ない言葉や行動で、悲しい思いをしたことがあるからかもしれない。周りにいる大切な人達には、仕事の中で苦しさや悲しさを感じてほしくないのだ。誰かが落ち込んでいると、私まで心が痛んだ。

大切な人達が悲しんでいるのであれば、全力で守りたいと思う。そのために自分が犠牲になることは厭わない。不可能でも全ての人に、ささやかでも幸せが訪れますようにと祈ってしまう。

その結果、自由に振る舞うことに罪の意識を感じ、今、自分という存在が薄くなりかけていた。

一人になり、肩の力が抜けた時、

「私、何がしたいんだっけ？」

と、広大な土地に放り出された気分になった。途方にくれても誰かが助けてくれるわけでもなく、足元を掘り返して自分の欲しいもの、したいことを一生懸命に探した。自分の意思を疎かにしすぎて、自分で自分が何を求めているのかわからなくなった。楽しかった記憶を掘り起こしていくと、

「誰にも気を遣わず、美味しいご飯を食べてゆっくりしたい」

ぽこりと穴から意思が飛び出してきた。自分の中から生まれた好奇心を両手で大事に包み込み、ゆっくりと飲み込むように腹に収めた。

大人になって、というか、大人と呼ばれる歳になって、自分のためにものを買った

り、体験という時間を買ったりしてきたが、よいご飯を一人で食べに行くということはまだしたことがなかった。

この時ちょうどディズニーリゾートのホテルメニューに興味のあった私は、ディズニーシーに隣接するホテルミラコスタのレストラン「ベッラヴィスタ・ラウンジ」のディナーの予約をどうにか確保した。

初めて経験する一人でのコースディナー。一体どんな体験になるのか、一人でこんな贅沢(ぜいたく)をしていいものかという罪悪感を背負いながらも、うらはらな高揚感に体がポカポカと温まり始めていた。

夏が始まりかけた頃。夕暮れになるにはまだ明るい十七時に、ホテルのロビーに着いた。一度友人達と来たことはあったけれど、一人で訪れるのは初めてだ。

ディズニーシーの景色が眺望できる窓際の席に通してもらう。テーブルはいくつか埋まっていて、みな、カップルやグループ客ばかりだった。その時間、店内で一人なのは私だけ。

最初は一人でいることに心許なさを感じたが、うっすらと流れる音楽はパークの景色によく合うゆったりとしたもので、自然と心がゆらゆらと揺れ、次第に緊張も解(ほぐ)れていく。

ぼんやりと日の光に照らされるディズニーシーの水面や、思い思いの格好で楽しんでいるゲストたちのことを眺めた。

運ばれてきたアランチーノは青い縁取りのお皿の上に、ポツンと置かれた黒い石のようなものだった。赤のソースがお皿の上に叩きつけられたかのように、ビャッと広がっていて、一瞬血なのではないかとギョッとした。

「こちらは、目の前に見えますプロメテウス火山から飛んできた、溶岩をイメージしたライスコロッケになります」

ウエイターさんは流暢に説明をしてくれるが、最初の火山から飛んできた溶岩というワードに関心を奪われすぎて、あとは殆ど聞く姿勢を取れなかった。頭の中は終始、火山から飛んできただなんて、なんと危険な！という思いでいっぱいだった。

ディズニーシーにはシンボルとなる大きな火山がある（一般的な火山とは違い、大変安全な火山である）。あそこからこのラウンジレストランの窓を突き破って、この小ぶりなライスコロッケが飛んできたのなら、危ないけれど面白い。メニューに物語が添えられているところも気に入った。

ライスコロッケは溶岩石というだけあって、真っ黒だ。中を割るとお米が顔を覗かせ、一口いただくと、ふわりと魚介の甘みが広がり頬が緩んだ。こんなに美味しいのなら、いくらでも目の前の火山から飛んできてはくれないだろうかと、冗談っぽく思ってしまう。

一口サイズの溶岩石はあっという間になくなってしまうので、火山に思いを馳(は)せながらゆっくりゆっくり食べた。誰かと食事をすると相手のペースに合わせることもマナーだと感じてしまうので、食べるのが遅い私はいつも焦りながら食事をしている。そこにお喋りも加わると、舌の感覚が喋ることと味わうことで忙(せわ)しなく、思い返すと、はて、あれはどんな味だっただろうかとなることも多いのだ。

美味しいものが好きだからこそ、味覚を目一杯使って味わいたいのだ。

前菜はマグロと炙(あぶ)りホタテのカルパッチョ。前菜の盛り付けを見ると、なぜかいつもピクミンを思い出す。巧みに盛られた葉物の中に謎の生きものピクミンがテコテコ歩いているような気がするのだ。今回もいつものように、ホタテの陰に隠れてはいないだろうかと思いを巡らせた。

鱈(たら)とミルクを合わせたふわっとしたソースが軽い口当たりで、マグロに合わせても、添えられたフランスパンにつけても美味しかった。

ディナーのコースでパスタが出てくる時、私はいつもワクワクしている。一人一皿、どんっと出てくるパスタは戦うように向き合って食べなければいけない。もたもた食べていると麺は伸びていくし、クリーム系のソースは時間に厳しく、もたつくほどに固く、冷たくなり、美味しさの鮮度がみるみる落ちていく。そこに抗うようにわっ！と食べるせいで、美味しいのに常にアップアップアップしてしまう。

その点、コースメニューで出てくるパスタはチョンッと、一口、二口の可愛らしい量がお皿に盛られていることが多い。食べ終わると、美味しかったなー、あともう一口くらい食べたかったなーという、美味しさの余韻に浸れるところがいい。

今回も思った通り、皿の真ん中にちょこんと盛られたパスタがやってきた。バジルとガスパチョのソースで和えたパスタには〝天使のえび〟なるものがのっていた。

「こちらの天使のえび、殻ごと食べることができます」

とウエイターさんは言い残し去っていった。

確かに身の部分には殻がついたままで、食べると殻の程よい歯応えが柔らかいえびの身の食感と交互にやってきて、とても美味しかった。しかし、問題は尻尾の部分だ。

私は尻尾の残った半身を前にしばし途方にくれる。

ウエイターさんは殻ごと食べられると言ったが、果たしてその〝殻〟の中に〝尻尾〟は含まれるのかどうか。もしも、尻尾は食べられるわけではなかったら、お皿の上が綺麗（きれい）さっぱり片づいていた時「この人尻尾まで食べちゃったんだ」と思われるかもしれない。逆もしかりで、尻尾を残していたら「僕、殻ごと食べられますって言ったんだけどな」と思わせてしまうかもしれない。どちらに転んでも、ハッピーエンドのない八方塞がりの状況に思えて仕方なかった。

周りを見回しても同じタイミングでパスタを食べている人は見当たらず途方にくれる。こういう時そばに誰かがいれば、と一瞬よぎったが、その場合でも相手が尻尾の処理をどうするのか探り、頭を悩ませただろう。一人であろうとなかろうと関係ない。食べたかったけど、相手が食べなかったからとりあえず手はつけないでおこうとするシャケの皮と一緒だ。聞けば早いのだが、聞くことで相手との気の遣いあいの牽制（けんせい）が始まると、それはそれで疲れる。空気を読み、流れに合わせる。それが一番楽な気がしてしまう。

悩んだ末、尻尾だけを残すことに決めた。

パスタはフォークふた巻き程度で食べ切れるサイズだったが、カラスミや、アワビが添えられていて「あともう一口欲しい」と余韻を感じられる一品だった。

お皿を下げにきたウエイターさんは、皿の上に残った尻尾を見てにっこりと微笑んで去っていった。

結局どちらが正解だったかわからず仕舞いだが、なんとも言えない笑顔から察するに、やはり尻尾は食べるべきだったのかもと、少し肩を落とした。

メイン料理はポークソテー。グリルされた鮮やかな野菜と、塩で味付けされたポーク。添えられたオリーブのソースはお皿の上に絵を描くように盛り付けられ、絡めて食べると味に奥行きが出る。自宅ではこんな綺麗に盛り付けはできないし、塩胡椒で簡単に味を付けて済ませてしまうが、ソースを作るということを覚えればレパートリーの幅が広がるのではないだろうか。味わいながら、そんなことを考えた。

誰かと美味しいと言い合ったり、近況を話し合ったりするのもいいが、日が沈むにつれて移り変わるパークの景色をぼんやり眺める、このなんでもない時間も満たされるものだと知った。西日が差して、オレンジに染まる水面が目の中に飛び込むと、体の中の溜まった澱が一気に洗い流されるようだった。

お祝いの方が多いようで、そこかしこで「おめでとうございます」と拍手が鳴り響く。私も声のする方を見て拍手をするが、そこには満面の笑みの人がいて、周りの人も幸せそう。どこを見ても笑顔の人がいるこの空間には、満たされた空気が溢れていて、こちらまで嬉しくなった。

デザートも素晴らしく、目の前で盛り付けてもらえるティラミスが何よりも絶品だった。クリーミーなマスカルポーネチーズに、桃のソースと果肉が入った季節のティラミス。マスカルポーネクリームが雲のようにふわりとし、ミルキーな味わいがなめらかに口の中で溶けていく。

月毎に味が変わるメニューらしく、来月はなんだろうかと考えを巡らしていると、最後の一口になっていた。あまりの美味しさに、味わいながらも手が止まらなかったのだ。途端に寂しさが込み上げてきた。デザートの最後の一口と向き合う時、いつだって泣きそうな気持ちになる。あんなに美味しかったのに、どうしてもうこれだけしかないのかと。

最後のひとすくいを口にして、ふっと息をつくと目の前はオレンジから群青色に染まり始め、パークの中の街灯がぽつり、ぽつりと灯り始めていた。

それから只々無心で、光の絵の具で塗り替えられていく景色を眺めた。うっすらと聞こえるパークの音楽に心を寄せながら。

さまざまな一人体験をしてきたけれど、こんなにもゆったりと心安らぐことは珍しかった。一人でいる時はいつも予定を詰め込み、うりゃーっと勢いで動いてしまう自分なので、楽しみながらも忙しないのだ。食べたいものもノルマ的に、あれもこれもと選んでしまうが、コース料理となると、一品一品と真摯に向き合い楽しめる。目移りすることがないのも良かったのかもしれない。

今度は誰かと、と感じながらも、これはたまにメディテーションするいい時間なのではないだろうかと考えた。感覚を解放し、目の前のことに向き合い、食べることを自分のために自由に楽しむ。

偶然出会った絵に心奪われ、気を抜けば涙が出そうなほど私は何かに疲れていたのだ。理由のない心の疲弊ほど恐ろしいものはない。ただなんとなく気持ちが沈むと、解決の糸口を探すのが大変で、探し回るうちにもっと深みにはまってしまう。

大人になることは責任を持つこと。自由であることも責任を持つこと。相手に敬意と思いやりを。いつも胸に置いている事柄だけれど、水槽を泳ぐ貝殻の鱗を持った魚を見た時、私は自分の中で燻(くすぶ)っている感情から解き放たれたくなったのかもしれない。誰かの目を奪うほど、思うまま自由に泳ぎ回りたいと。

しかし、一度自分を見失うことで発見したこともある。私は人が喜ぶ姿が好きだから、相手を優先したいのだ。けれど自分のしたいことが義務になると、次第に苦しくなってくる。

素晴らしい作品を作った作者のように、私も湧き上がる感情から相手に敬意を払おう。もちろん自分にも。自由に泳ぎ回れる水槽をプレゼントするのだ。その中で私は、誰にも関与されず一人の時間を心ゆくまで楽しむつもりだ。好きな時に好きなことを。心が息苦しさを感じたら、きっと私は魚になり始めている。エラが生え、地上では息ができない。だから水に飛び込み、水槽の中では、何者でもない一匹の魚になろう。

喉を鳴らす方法

我が家には二匹の猫がいる。一匹は食欲旺盛なオス猫で、一匹はお姫様のようなメス猫。どちらも保護猫で、猫と暮らし始めて九年になる。

猫は突然家の中を走り回ったりする。所構わずレースサーキットのごとく駆け抜け、ありとあらゆる物を薙ぎ倒していく。ああ今日も始まったと、ドタドタドタドタと足を踏み鳴らす音すらも生活の一部になっている。

猫のいる生活とは、豊かな音に囲まれていいものである。

彼らは人の言葉をある程度理解し、僅かだが意思の疎通ができる。オス猫のノヴァは「ごはん?」と発すると、家のどこにいようと「ほろろ」とフクロウのような鳴き声と共に走ってくる。体を擦り寄せ、「ごはんちょうだい」と鼻先でキスをして食事をせがんでくるのだ。この方法はノヴァが家の中で姿が見えない時に特に有効で、あたりを探しても見当たらない時に存在確認として使うことがある。なので私の発言が嘘だとわかると、彼は容赦無く腕や手に噛み付いてくる。これが彼なりの不満の示し方である。

ぎゅっと噛まれた部分には、四点の歯形がくっきりとつく。それすらも愛おしいと思いながら、ごめんごめんと謝り、おやつや、ごはんをせっせとあげる飼い主なのである。ハグハグと音を立てながら食事をする丸まった狸(たぬき)のような背中を見ると、この子と暮らせていることの幸せを実感する。食べ終えた後、満足げに丸まって寝息を立てている姿もまた愛らしい。渦(うず)を巻いた真ん中に顔を埋めると、とんがりコーンのような香ばしい香りと、ぐるぐると喉を鳴らす振動が顔に伝わる。

我が家にきた時は痩せっぽちの丸刈り猫だったので、たっぷり生えた縞(しま)模様の毛が寝息と連動し上下するのを見ていると、立派な成猫に育ってくれてよかったと感じるのだ。

顔を埋めた後は肌に毛がびっしりとついてしばらく目が痛いが、猫のいる生活はやはりいいものである。

もう一匹が我が家の姫、ルナ嬢である。高貴で気高い猫であり、全ての人間は自分のことを可愛がって当然だというマインドで生きている。人に彼女の写真を見せると「いかにも高飛車って感じの顔ね」と言われるが、そこがいいのだ。可愛いのだ。

友人が遊びにくると初対面であろうと、ものの五分で膝の上に上がる。そして「私のこと触りたいんでしょ？」と言わんばかりにお尻をふり、ごろりと仰向けに転がるのだ。猫と触れ合ったことのない人ほど「猫ってこんなに懐くものなの？」と驚きの声をあげるが、そうではない。彼女は全ての人間は自分を撫(な)でて当然だと思っている。この私を可愛がらない人間などいない、と言わんばかりの態度でデデンと膝の上で満足げに撫でられている。

ここのところ仕事が忙しく、家を空けている時間が多かった。泊まりも多く、猫たちと離れて過ごす時間が続いていたのだ。

しばらくぶりに帰ってきた朝、ベッドで目が覚めると、異様な臭いが鼻をついた。寝室では嗅いだことのない、顔をしかめたくなるような臭いだ。体を起こし、原因を探すが一向にわからない。確かなのは、寝室に重大な異変が起きているということだけだ。とぼけたふりなどできず、部屋を漂い続ける異臭の原因を探るべく私は動いた。ベッドの隅で丸まっていたタオルケットをばさりと開くと、チョコレート色の塊がふわりと宙を舞う。しまったと思った時にはもう遅い。寝室の中に猫のフンがドラゴンボールのごとく飛び散った。

異臭の中で私は膝から崩れ落ちて項垂（うなだ）れたのち、飛び散ったドラゴンボール（猫のフン）を集めることになる。七つかどうかはわからないが、全て集めたとて願いが叶わないのは確かだ。

猫たちが粗相（そそう）したものを片づけ、タオルケットは迅速に洗濯をし、彼らの様子を確認する。二匹ともいつもの朝と変わらず、「ごはんくれー、ごはんくれー」と喋っている。

翌日も寝室で異臭がし、今度はベッドの下に粗相されていた。

原因がわからず慌てふためき調べると、尻尾に怪我をしていたり、お腹の調子が悪いと、普段とは違う場所でトイレをしてしまうことがある、と書かれている。これが何日か続くようであれば、すぐにでも病院に連れていかなければと思いながら、私はまた仕事で家を空けることになった。留守中は信頼できる人に世話をお願いしていて、二匹の様子を事細かに教えてくれるが、きちんとトイレで用を足し、調子が悪いそぶりもないと聞き、私は安心した。しかし、私が帰るとまた粗相が始まるのだ。

二匹を注意深く見ていると、ノヴァは毎日トイレで用を足していたので、どうやらルナの仕業らしいことがわかってきた。彼女を観察するが、特に変わったところはない。いつものように我が物顔で私のデスクチェアで喉を鳴らして寝っ転がり、取り込んだ洗濯ものの上に寝っ転がり、夜になればありとあらゆる物を薙ぎ倒し爆走している。パソコンに向かう私に対して癇癪を起こし、パソコンのディスプレイを噛み砕こうとするところまでなんら変わりはない。

目が覚めると鼻をきかせ、異臭がしないかを確認するようになった。今日は大丈夫だと安心し、「ごはんくれー、ごはんくれー」と喋る猫たちにごはんをあげる。ふと、いつもと違うことに気がついた。ルナのごはん皿にすでに何かが入っているのである。まさかとは思ったが、皿の中にモリモリッときっちり用を足していた。こんなにきっちりと狙ったところにできるんだもの、調子が悪いわけじゃないのねと安心しつつも、半べそをかきながら私はごはん皿を綺麗に洗った。

こんなことがあっても、猫がいる生活はいいものなのである。

普段はツンとしている彼女だが、本当は寂しい思いをさせてしまっていたのかと申し訳なさを抱いた。私を必要としているというルナなりの表現は、少し困ったものではあるが、愛には様々な形がある。猫を飼い始めた友人が言っていたことだが「この子は自分がいないと生きていけないと思った」と話していて、この時まさにその言葉が身にしみた。寂しい思いをさせて、不満をためてしまった分、遊んだりスキンシップをもっと図って、お姫様を満足させねばならない。それが飼い主のつとめである。いや、お世話をさせてもらっている私が、彼女にできる唯一のことなのである。

私の仕事が落ち着き、家にいる時間が増えたことによりルナの粗相は落ち着いた。愛情たっぷりに撫でさせてもらい、声をかけさせてもらう。

「今日も美人ね」「今日も一番可愛い」「毛並みがよくて美しい」「こんな可愛い猫見たことありません」

満更でもなさそうな彼女は褒められていることを理解していると思う。そしてその様子を少し離れたところから見ているノヴァは、今日も始まったと丸まって寝始めるのであった。

自分の不満や意思をはっきりと示すことができる彼らを私は羨ましく感じている。同じ言葉を持ち得ないもの同士だからこそ、態度や声色で示すしかないのだが、私にはなかなかできないことである。言葉が通じてしまう相手だからこそ、臆病になり遠慮してしまうのかもしれない。

私には食べられないものがいくつかある。友人と食事に行くことになった時、相手がオイスターバーに行こうと誘ってきてくれた。心の中の私は頭を抱える。牡蠣(かき)は好きなのだが、以前あたってしまい、目が覚めたら入院していたという経験をして以来食べないようにしているのだ。あんな苦しい思いは二度としたくない。しかし、それを友人に伝えるのを躊躇ってしまう。せっかく牡蠣が食べたいと言っているところに水を差すのはよくないのではないか。オイスターバーと言ったって、きっと他のメニューもあるはずだ。私はそれを食べることにすればいい。そう考えていたが、どうやら私の顔色が芳しくないことに気がついた友人に「牡蠣、苦手?」と聞かれ、結局別のお店に行くことになった。

「気を遣いすぎて我慢するのはよくない」

とピシャリと言われ、その通りだと反省もした。気を遣ったつもりが、曖昧な態度が逆に相手に気を遣わせてしまう結果になってしまった。

どうしたら自分の意思をマイルドに相手に伝えることができるのだろうか。周りを観察していると、甘え上手な人は意思を伝えるのが上手いように感じる。したいこと、やりたいことを、相手をいい気分にしつつも伝えられる。猫も同じだ。人は上手に甘えられるといい気持ちになるのかもしれない。

よく人から猫っぽいと言われる私だが、その猫っぽさは人を寄せ付けない、つんとした雰囲気からくるものだと理解している。可愛らしくごろごろと喉を鳴らすような猫っぽさを私は持ち合わせていない。非常に残念である。できれば私だって、人に対して喉を鳴らしてみたい。

うちのお姫様はどうだろう。彼女も甘え上手ではあるが、自分のタイミングがしっかりとある子だ。私の方から撫でようと近づくと、今は違うのとすり抜けられることが多々ある（だからこそ甘えてくる時がたまらなく可愛いのである）。

ルナと私は似ていると言われたことがあるが、この自分のタイミングを持っている部分が同じなのかもしれない。私も自分軸で動きたい人間で、一人で行動するのが好きだ。自分で全てを決めて、好きなように動き回る。休日の過ごし方も、旅行も、できればほとんど一人がいい。自由気ままに、その時の気分で誰に気を遣うこともなく目一杯楽しむのだ。そうしていると時折寂しくなる。ああ、誰かに会いたいなあと、友人に急に連絡をし、会うことになったりする。こう自己分析をしていると、人に気を遣っているつもりでも、実際はワガママな人間なのだ。ああ、悲しくなってきた。そのワガママな部分をひた隠しにするために、人といるときは相手の意見を尊重し、できるだけ自己を抑えているのだと思う。本来は私もお姫様気質なのだろう。

幼少期は松井のおひぃさまと呼ばれ、親戚にたいそう可愛がられていた。蝶よ花よと可愛がられ、父の兄弟の結婚式の時には、母の妹であるおばさんが私のためにドレスを縫ってくれた。チュールがたっぷりとついたピンク色のドレスは、本当にお姫様のようで綿菓子に包まれた気分になったし、一歩踏み出す度にキラキラと音がなるようだった。可愛い洋服を着せてもらえた私はたいそう上機嫌で、ウェディングケーキのクロカンブッシュを母の分までバクバクと食べていた。

幼い頃であれば大抵イヤイヤ期というものがあり、全てのことに反抗する時期がある。もちろん私にもその期間があり、気に入らないことがあると癇癪を起こし、声を荒らげ、拗ねて動かなくなったりもした。自分の意思を絶対に曲げない私に、母はとても手を焼いたそうだ。しかも、その癇癪はかなり長いこと続いた。

親の愛が自分に充分に向けられていないと感じると、途端に私の不満は爆発した。六歳くらいの頃のことだ。私の誕生日がある夏は両親の仕事が忙しく、誕生日の食卓は出来合いのお惣菜ばかりだった。一年のうちでケーキが食べられる限られた日をことなく愛していた私は、その年のバースデーケーキがコンビニのカットケーキの寄せ集めであることに怒りを爆発させた。

誕生日がクリスマスに近い兄は毎年手作りの料理を用意してもらい、ホールケーキも用意してもらえる。プレゼントもある。しかも、数日後にあるクリスマスにもまたケーキを食べ、クリスマスのプレゼントももらえる。まだ幼い私には両親が忙しいことが理解できず、兄ばっかり優遇してもらってずるい！と感じてしまったのだ。

「こんな誕生日信じられない！」と泣き始めた私がさらに声を荒らげ泣くことになったのは、寄せ集めのバースデーケーキにろうそくがなかったからだ。多くの子供が心を躍らせ楽しみにする瞬間は、誕生日のケーキにささったろうそくを吹き消す瞬間だと思っている。

「ひどい！　ろうそくがない！」

顔をぐしゃぐしゃにしながら私が泣くものだから、慌てた父はお仏壇のろうそくを持ってくる。それを撥ね除け膝を抱えて泣いていたら、父はコンビニまで走り、えんぴつ型のチョコレートを買ってきた。これで許して欲しいと、コンビニのカットケーキで作られたホールケーキもどきに、えんぴつ型のチョコレートを六本さした。なんとも不恰好なケーキだったが、泣いたところで何も変わらないとついに諦めた私は、火の点かないろうそくに願い事をして息を吹きかけた。来年は絶対にろうそくを消せますようにと。

そんな私だが、母との戦いで部屋のドアに足型の穴を開けたり、壁に穴を開けたりしながらも、長い反抗期をどうにか乗り越えた。大人になるにつれ世間に揉まれ、人付き合いを学び、鋭い性格は随分と角が取れたようには思うが、今でも母とぶつかるとかなり激しい言い合いに発展することがある。本当は今でも体の奥底でお姫様の自分が玉座にふんぞりかえって座っているのだが、そのふんぞり返った私とルナはよく似ている。大人になった私が一生懸命葉っぱのうちわで風を送り、手足を揉み、どうか、どうかと言いながら、一人と一匹をなだめ続けているのだ。

しかし、十代の頃は本当に生きづらかった。心がささくれ立って、大人も、学校の生徒たちも、全てが敵のように感じていた。人と一緒にいないとおかしいと言われ、どうしてクラスに馴染めないのかと心配された。何か理由があったわけではない。学校という場所が私には居心地の悪い場所だったのだ。自分だって好きなことを話して騒ぎたかったのに、クラスメイトが大声ではしゃいでいる姿を見ると、かっこ悪いと斜に構えて見ていた。教室で授業を受けている時間が苦痛で、学校の中で安らげる場所は保健室のベッドの中だけだった。

三つ上の兄の影響で聴いていた音楽や、読んでいた漫画をクラスメイトはまだ知らず、兄のマネをしてみんなと違うものを楽しんでいる自分をかっこいいと思っていた。

高校に行きたくない、卒業したら東京に出て働くんだと言った私に、母はやりたいことがあるなら高校で資格をたくさんとってからにしてと、言った。無事卒業ができれば、東京に出てもいいと。その条件を渋々呑んだ私は、しょうがなく地元の商業高校に通った。在学中に資格をいくつかとったが、途中で芸能活動を始めたため、結局最後は通信制の高校に通うことになった。時々知らない人たちと会話の無いバレーボールやサッカーをしたりして私の高校生活はひっそりと幕を閉じた。振り返ると味気ない青春だ。

何をそんなに思い悩んでいたのか、今思えばカラッと笑い飛ばしたくなるようなことだが、当時の私にとってあの生きづらさ、息の詰まる閉塞感は死活問題だった。

東京に出て一人で暮らすようになり、そこに可愛い猫たちが加わり、今はとても幸せで、満たされている。家族以外に甘えることは相変わらず苦手なままだが、家に帰ると猫たちが私にべったり甘えてくれる。無償の愛を求める側だった私が、今は猫に惜しみなく愛を注いでいる。

ぽてぽてと歩いてきた末にお腹の上で寝息を立てている姿や、目が覚めると至近距離に顔があり、ごはんを催促されること、一分一秒、一瞬たりとも可愛くない瞬間がない。

愛情が足りない！と叫ぶ代わりに粗相をされるのは困ったものだが、それだけ愛されているのも嬉しいことだ。彼らのように甘えたいという意思を示せるようになりたいなと思いながら、今日も膝の上に猫を抱え原稿に向かっている。もうしばらくすれば、うちの姫がディスプレイに噛みつきにくるだろう。

やはり、猫がいる生活はいいものだ。

ギフト

「おばあちゃんが、今朝亡くなった」

舞台の本番一時間前、母のゆらぎの無い、真っ直ぐな声色に、私の目の前は一気に歪んだ。メイクをしていた手が止まり、簡潔な言葉をどうにか噛み砕き救いを求めるように、

「冗談だよね」

と口にしそうになったが、それも叶わなかった。息を漏らせば涙が溢れてしまいそうで、じっと呼吸を止めることしかできなかった。

祖母は随分長いこと認知症と付き合っていた。祖父が亡くなり、母の故郷である兵庫で一人生活をするようになると一気に症状が出始め、突然姿を消したり、母のことを忘れている時間も増えた。心配をした私たち家族は、祖母を愛知に呼び寄せ一緒に

暮らすようになったのだ。

私は東京から、ずっと祖母のことを気にかけていた。折に触れて実家に帰ると、祖母と一緒に手を繫ぎながらテレビを見たりした。小さく萎んだ手。シミのたくさんできた手だけれど、しっとりとしたぬくもりのある大好きな手だった。私の手を包み込み、何度も何度も名前を呼んでくれる祖母は、歳を重ねた以外は変わっていないように思えた。

ある時、テレビ画面の左端になぜか私の写真が貼ってあり、わけを母に尋ねると、祖母はその写真を見て私が出ていない番組でもテレビに出ていると言って喜んでいるらしい。祖母がそう思ってくれるならたくさんの番組に出たいと感じたし、実際に私が出演している番組を嬉しそうに見ていると連絡が来たこともあった。

私は祖父母によく懐いていたように思う。幼い頃は長い休みのたびに新幹線に乗り兵庫まで会いに行った。駅の改札の柵の前で祖父は私たち家族の到着を今か今かと待ち、姿が見えると石原裕次郎がかけていそうな大きなサングラスの上からでもわかるくらい顔全体がゆるみ、大きく手を振って出迎えてくれた。

祖父母の家に着くと、自分の家とは違う深い森のような香りがしていた。その匂いが鼻を抜けると、「ああ、おじいちゃんおばあちゃんの家に来たんだ」と実感が湧いてくる。

祖母は小さな体を右へ左へと運び、いつもたくさんの料理を振る舞ってくれた。私は祖母の作るナスとそうめんのお味噌汁が一番の好物で、祖父の膝の上に座りながらちゅるちゅるとそうめんをすすっていた。外に出かける時に祖母がついてくることはあまりなかったが、帰ると美味しいご飯と一緒に待っていてくれるあたたかな存在だった。

いつだったか、祖母の部屋に招き入れてもらったことがあった。いつもは扉が閉められている部屋で、足を踏み入れると小さな部屋の中に大きな箪笥がどっかりと置かれ、棚の上には小さな人形や、編み物の籠が置かれていた。その中からいくつかの毛糸を見せてもらった気がする。あとは、母が昔アメリカのディズニーランドに行った時に持ち帰ったというパークマップも見せてもらった。祖母はクロスワードパズルが好きで、本もたくさんあったし、時間があいた時は新聞に掲載されたクロスワードパズルをよく解いていた気がする。祖母の宝物を見せてもらえた特別な時間は私の記憶の宝物になった。祖母は聡明な人で、「自分が得た知識は誰にも取られないのよ」と、新聞を隅から隅まで読み込んでいる人だった。

正月になると祖父母から切り餅がどどんと送られてきて、冷凍庫に入った私の大好きなヨモギや豆入りの餅を見ると祖父母に早く会いたいなあと思い出したものだ。けれど、祖父が亡くなってから正月の風物詩だった冷凍庫いっぱいの餅はパタリと姿を消した。

その後、変わりないと思っていた祖母は日に日に記憶が抜け落ちてしまい、ついに母のことがわからなくなってしまった。突然「あなたは誰だ」と自分の親に言われたらどんなに辛く苦しいだろうか。母は時折苦しそうな表情を見せていたが、

「親子から友達になったみたいでいい」

と気丈に振る舞い、夜になると「おうちに帰らないと」と一人で家を出てしまう祖母の後ろをついて回っていた。

認知症がかなり進行し祖母は老人ホームへ入ることになったが、私の頭にはその後もずっと記憶の中の元気で聡明な祖母のイメージが強くあった。仕事でなかなか帰れずその年の正月以来、数ヶ月ぶりに帰った秋のこと、久しぶりに会った祖母は車椅子に乗っていて、小さな猫のぬいぐるみを大切そうに抱えていた。細かった食がさらに

細くなったのか、手首が骨ばってゴツゴツしていた。日向で気持ちよさそうにしていても、氷のように溶けて消えてしまいそうで不安になった。

おばあちゃんはこれが好きだからと、母から渡されたカステラをちぎっては祖母の口へと運ぶと、小さな口をもぐもぐと動かしながら日向の中でぼんやりと宙を見つめていた。「おばあちゃん」と呼びかけると、口が僅かに開き、私はまたカステラをトンッと入れていく。私の名前も呼んでくれなくなった祖母のことを、母はいつからか〝ちゃん〟付けで、少女のご機嫌を取るように呼んでいた。時間をかけて進んでいった変化でも、時々帰ってくるだけの私にはタイムスリップしたように衝撃的なことばかりで、一人過去に取り残された気分だった。前はこうだったのに、と考えたところで何も変わらず、祖母の視線はふわふわと宙を舞っていく。

ゴクリと食べ物が喉を落ちる動きがあった後、ゆっくりと口が動き、全く知らない人の名前が部屋に響いた。驚いて祖母を見ると焦点の合わなかった眼が私をしっかりと、逃すまいと捉えていた。あまりの眼光の強さに動けずにいるこちらに向かって、何度も何度も、同じ名前を呼ぶのだ。

ああ、本当に私のことも忘れてしまったのか。

両手に抱え切れないほどある輝かしい思い出の砂の煌めきは、頭の中に吹き荒れる風によって宙に巻き上げられて散らばり、どこに行ったのかわからなくなってしまったのだ。

「白い布は持った？」

はっきりとした口調で、祖母はそう言った。こちらの手をしっかりと握り、もう一度、

「白い布は持ったの？」

と聞く。

一体何のことかわからないままでいると、変わらぬ強い眼差しで、

「先生、この子を連れてきました。この布みたいに真っ白なんです、早く見てあげないと」

と言う。

途端にこれは戦争の時の話をしているのではないかとひらめいた。祖母は広島出身で、戦争経験者であった。私に大丈夫かと何度か確認をし、「一、二、三、一、二、三」と数字をただひたすら繰り返す。時折、点呼に応えるように返事をし、番号と名

前を口にしていた。

「先生はとても厳しい人だけど、あなたにはきっと優しくしてくれるはず」

先ほどと打って変わって、優しい眼差しで私を心配してくれる。

祖母の姿を見ながら、目に溜まった涙を堪え続けた。母は施設の方と話すために席を外していて、部屋には私と祖母の二人きりであった。

今でも鮮明に目に焼き付いている、祖母の強い眼差し。ぎゅっと掴まれた手の感覚。認知症が故に、過去の記憶が突然降り込み、その時代の自分が出てきてしまうと聞いたことがあるが、知っている祖母が目の前にいなかったことにショックを受け、戦争というものが根深く彼女の記憶に刻まれていることに胸を痛めた。このことを母に話すことができず、帰りの新幹線の中で一人さめざめと涙を流した。

祖母はいつだって無条件の愛を惜しみなく注いでくれた人である。大人になり、今度はこちらからたくさんの愛を渡したいと考えていたが、それは叶わないのではないかと、過ぎ行く夜の景色の中に自分も溶けて消えたくなった。ずっと、今もずっと、祖母が行進するように数を数えていた声が耳から離れない。

母からの訃報（ふほう）を聞いた時、この記憶がいっぺんに頭を駆け巡った。メイクをしなければいけないのに涙は止まらず、あれから祖母に何もしてあげられなかったと、無念ばかりが胸を突いた。

それでも幕は上がるのだ。

開演の時間は刻一刻と迫っている。気丈に振る舞い衣装に袖を通す。何事もなかった顔で共演者の前に行き「今日も頑張ろう」とみんなで円陣を組んだ。

出演していた『歌妖曲〜中川大志之丞変化〜』は主人公・定の長きにわたる復讐の物語で、私が演じた蘭丸杏はその復讐に加担する女性だった。

彼女は祝いのパーティーにどっかりと現れ、主役のマイクを奪い長いスピーチをした後、自分の父の死を告げるのだ。

いつも通り舞台袖に控え、これから口にする長台詞を暗唱していく。大丈夫、大丈夫と自分を鼓舞しながらも意思と反して目頭は熱くなっていく。

幕が開き、スポットライトに照らされ、不敵な笑みを浮かべながら階段を下りてマイクの前にたどり着く。心臓は不思議な揺らぎで鼓動を打っていた。スッと息を吸い、セリフを吐き出していく。ああ、大丈夫、いつも通りできる。知ってる感覚だ、いける。そう確信したのに、

「今朝、私の父が息を引き取りました」

そう口にした瞬間、がっしりと握っていた感情の手綱が遥か彼方へ飛んでいき、信じられない量の涙が溢れ出した。後のセリフを続けるにも、杳として父の死について語ることが、役と解離した私自身の感情として表に濁流のように止めどなく流れ出てしまう。この場面で涙することは何度かあったが、いつもと明らかに違う様子に、私を見る共演者の面々の表情が本当に驚いていたり、狼狽えていた。袖にはけ楽屋に戻ると、嗚咽を嚙み殺しながら本当の私として泣いた。祖母の訃報を聞いてから堰き止めていた感情のダムがいっぺんに決壊してしまったのだ。けれど本番は続いていく。頬を叩き、気持ちを切り替え、私は次の出番に備えた。

その日の終演後、新幹線に飛び乗って実家にたどり着き、祖母と最期のお別れをすることが叶った。

「おばあちゃんがいなくなってそんなに悲しいのか」

駅まで迎えにきてくれた兄の車の中でもぐずぐずと泣き通しだった私に、彼はそう投げかけてきた。悲しくないわけがないじゃないか。大切なおばあちゃんなのに。そう言い返したかったが、喧嘩をするのも嫌だからと口をつぐんだまま助手席から街の景色を眺めていた。知らないお店も増えたし、私が学生時代を過ごした地元とは随分変わってしまった。

「俺、お母さんからおばあちゃんのこと聞いてさ、お疲れ様って言ったんだよね。長い間お疲れ様って」

兄の表情を私は読みとることができなかった。

「俺もお母さんも、夜中にいなくなるおばあちゃんのこと捜しにいったりしてさ。俺、三時間も一緒に散歩したりしてたんだ。正直……いろいろホッとした」

もちろん悲しいけどね、と付け加えて兄は黙り込んだ。

沈黙の中で、変わっていく祖母の様子に合わせて家族も変化していたこと、そこにあった苦労を今になって理解した。

翌日、仕事のためにお葬式には出られなかったが、仕事の合間に空を見上げて祖母を離れた場所から送った。いろいろあっても祖母は周囲の人々に愛されていたと思う。それは確かだ。でなきゃ突然の訃報に、親戚一同が集まることはなかっただろう。

祖母を送って以来、舞台に立ち「今朝、私の父が息を引き取りました」と口にするたび、私の胸は張り裂けそうに苦しくて、暴れ出す感情の手綱を慎重に摑みコントロールするようになった。個人的な悲しみに溺れないように自制心を保たねばならない。感情が垂れ流された状態はお客様に見せられる芝居ではない。丁寧に、役として、その場を生きねばと、苦しい感情に蓋をして公演を重ねていた。

公演数が折り返しに差し掛かる頃、何人かの共演者から口を揃えて、祖母が亡くなった日の公演が良かったと褒めちぎられた。「あの日は何があったのだ」とか、「ガツンとしたやる気に、こっちまで頑張るぞってエネルギーをもらいました」「またあれを見たい！」と言われても、あれは祖母が亡くなったからで、同じことはもう二度とできないし、したくはないです、とは言えず、ただ曖昧に笑って褒め言葉を受け取ることしかできなかった。

芝居をする中で、経験してきた感情の蓋を開け、引きずり出さねばならぬことはよくある。人生の中でトップ3に苦しかったことや、悔しかったことなどを、目を背けながらも蓋を開け、えいっ！と気合を入れて引っ張り出すのだ。その瞬間の心の痛みが蘇(よみがえ)るごとに、こんな苦しみはやっぱりもう二度と味わいたくないなどと思うが、仕事柄それをしなければならない場面がある。

自分の中で感情のコントロールができなくなってしまったことは、プロとしてあるまじき行為だと感じているが、周りはその状態を絶賛してくれる。ジレンマに陥った。あれをまた見たいよ、頑張って、と共演者から求められると、向き合いたくない現実から背を向けて逃げてしまう自分がいた。

このままではよくないと、時々芝居の相談に乗ってもらっているAさんに、公演中に祖母の訃報を受け、舞台上で感情のコントロールができなくなってしまったと打ち明けた。彼はこちらの顔をまじまじと見てから、

「それはおばあさんからのギフトだと思えばいいんですよ」

と言った。この世からいなくなったことがギフトだなんて、そんな贈り物いらないよ。会えなくても生きていてくれた方が、私はずっとずっと嬉しい。

それでも私の中にはずるい自分がいるのだ。楽屋で止めどない涙を流している時も、新幹線で泣き腫らした目で外を見ている時も、棺の中に入った祖母と向き合った時も、今どんな気持ちか、どうしてその感情に辿り着いたのか、どんな顔をしているのか、隅々まで観察しているもう一人の私がいて、悲しみの中にいる私を一瞬たりとも見逃すまいと目をぎらつかせている。

ゾッとする話ではあるが、もう一人の私の目がギョロリと動く心の揺れが、彼が言

う祖母からの「ギフト」なのだろう。

先輩の俳優にも、涙が止まらなかったあの日のことを褒められた。多くは聞かれなかったが、「何かあったんでしょ」と察しながらぽつりぽつりと彼は話し始めた。舞台の上で起きた自分の感情の奇跡のような一瞬は、なぞろうとすると二度と戻ってはこないから、感情をなぞるのではなく、感覚をなぞるべきだと。その時どのような体の状態だったか、呼吸はどうだったか、それが大切であり、状態に引っ張られるように感情がついてくるのだと教えてくれた。

「自分に起きたことは体が覚えているから。無理に同じことを思い出そうとすると心が壊れてしまうからね」

と、優しい言葉をかけてもらった。その先輩と舞台上で向き合っていると、なんでも見透かされているような気がしていたが、みんながあれをもう一度！と言ったからと、感情をなぞりに行っていたことがバレていたのがわかり、恥ずかしくて消えてしまいたかった。

舞台は無事、全四十八公演を終えることができた。胸は痛んだし、最後まで演じ通せないかもしれないと感じる日もあったが、時折ふっと祖母の記憶が蘇って、その時は彼女が傍（そば）で見てくれているのだと感じられるようになった。これからの役者人生の中で私は何度もあなたのことを思い出すだろう。悲しかったことだけでなく、幸せだった日の記憶も全部。

温かいそうめんのお味噌汁が美味しくて幸せだったこと。祖母の部屋の中の毛糸玉が宝石のように輝いて見えたこと。溶けてしまいそうだった儚（はかな）い後ろ姿も全部だ。一緒に行った場所、見たものをまだ鮮明に覚えている。私の記憶の中で、祖母は今も元気に笑って生き続けているのだ。一緒に過ごせた時間という素晴らしいギフトを残して。

呼吸の置き方、学び方

ひと息つくのが上手な人になりたいと常々感じている。私はひと息つき下手だ。起きてから寝るまで頭の中はいつも忙しない。次から次へと情報を頭へ投げ込み、次から次へと忘れていく。そのベルトコンベヤー式のような記憶力のせいか、触れている情報の割に覚えていることは少なく、時間の使い方が下手だなと感じずにはいられない。

丁寧な暮らし、という言葉がここ数年流行っているが、スローライフを動画にして発信しているその人の目の前には、カメラがあり、撮影したスローライフを編集するんだなあと、捻(ひね)くれた視点で見てしまうせいか、本当のスローライフとは一体どこにあるのだろうと考える。本当のスローライフを送る人は、ひっそりと、本当に自分の好きなものに囲まれて、日々を自分の手の届く範囲の幸せで満たし豊かにしているのではないか。その点で私は、満たされない心を埋めるために、あれやこれやと情報を手に入れようとし、次から次へと忘れ、これでは本末転倒である。『くまのプーさん』に出てくるクリストファー・ロビンが教えるように〝なにもしない〟ができるようになりたいのである。

そんな私も家に帰ればただのぐーたら人間で、できれば家で仕事はしたくない。台本も開きたくないし、原稿も書きたくない。ただただゴロゴロして、猫と戯れ、美味しいものを食べて不摂生の限りを尽くしたい。しかし、気がつけばYouTubeで動画を見続け、頭の片隅ではセリフを暗唱していたりする。風呂には台本を持ち込み、ああ、何かエッセイのネタは落ちてないだろうかと日々を思い返す。

頭がどうにも休まらない。脳みそが充電式になり、ガバリと取り外して休息させることはできたりしないだろうか。休ませた脳みそにヒーリング音楽を聴かせ、電動マッサージ機ですみずみまで揉みほぐして欲しい。朝になれば自動で脳みそが私の頭に戻り、スッキリさっぱり一日を始められたらどれだけ幸せか!!

要は、私は時間の使い方が下手くそなのだと思う。空いた時間があればやりたいことを詰め込みたい、でも休みたい。そのどちらも両立させようとすると、結局休みながらも罪悪感を覚え、終えたはずの仕事に対しても、まだ何かできるのではないかと、自問自答をし続けてしまう。ああ！　どうすればいいのだ！　そして結局、何の達成感もない日々が過ぎていく。

友人は時々デジタルデトックスをして、心も頭も休めると言っていた。ゆっくり過ごしながら、本を読んだり、お気に入りのカフェに行ったりする。旅行先で思い切って情報を遮断することもあるそうだ。いつかはやってみたいなあと思いながらも、私は肌身離さず携帯電話を持ち歩くタイプなので、なかなか難しいことだ。時間があれば、新しい情報はないかとネットを開いてしまう自分に嫌気が差しながらも、やめられない。そんな私が携帯から離れるのは、仕事をしている時と劇場や映画館にいる時である。

劇場のいいところは、携帯の電源を落とし、目の前のものに集中できる環境になっていることだ。特に観劇前は携帯の電源を落とすという行為に高揚する。これから始まる生の芝居に対する期待がグッと高まり、興奮せずにはいられない。

昔から生で芝居を観ることが私にとっては最高の娯楽だった。演劇との初めての出会いは、蜷川幸雄（にながわゆきお）さん演出の『ハムレット』である。二〇〇三年に上演されたこの芝居を衛星放送でたまたま見たのだ。出演者は檻に見立てたようなフェンスの中で芝居をし、舞台をぐるりと囲む形で観客がいた。「これじゃあまるで檻の中の動物を見てるみたいだ」。そう感じたことを強く覚えている。フェンスの中でどんどんと理性を失い転落していくハムレットを見つめる観客にゾッとしながらも、これまで持っていた舞台の印象との違いに感銘を受けている自分もいた。観客はステージに対して正面にいるものだと思っていた私の考えを、この『ハムレット』は打ち砕いてくれたのだ。

　何より衝撃だったのは役者の熱量である。顔中に大粒の汗が現れ、ぼろぼろと涙を流し、叫び、走り、言葉も肉体もぶつかり合う。溢れ出るエネルギーが画面を通して伝わってきて、いつか舞台を生で観たい！と憧れを持つようになった。

　それと同時期に出会ったのが三谷幸喜さん演出の『オケピ！』だ。母は若い頃から天海(あまみ)祐希(ゆうき)さんをご贔屓(ひいき)にしていて、天海さんが出ているからという理由でＤＶＤを買っていたのだ。ここでまた私は舞台の面白さの虜(とりこ)になる。

　登場人物たちがいるのはオーケストラピットと呼ばれる、舞台の下にあるオーケストラの演奏スペースである。演者は舞台にいるにもかかわらず、描かれるのは舞台の下。光の当たらないところにも物語があり、スポットを当てることで浮かび上がるものがある。その事実に私は強く感動した。

舞台の上ではなんでもできるし、世界のどこにいる人だって主役になれる。「ここは宇宙だ！」と言えば何もないまっさらのステージが宇宙になり得るのだ。いつかここに立ち、役者として様々な人になりスポットライトを浴びたいと考えるようになった。

『ハムレット』も『オケピ！』も本当に素晴らしい作品なのでぜひ機会があれば見ていただきたい。藤原竜也さんが「尼寺へ行けえええええええ」と叫ぶ姿は圧巻だし、『オケピ！』は人間模様のもつれが非常に面白いコメディだ。その中で「どんなにつまらないミュージカルにも、一つはいい歌がある」というセリフがあり、私はミュージカル作品を見にいく度にこのセリフを思い出す。今回の作品のみんなに愛されるキーナンバーはどれだろうと考えるのだ。

この二つの作品によって、私は舞台役者への夢を持った。さらにそれを強固にしたのは野田秀樹さんとの出会いだ。出会いと言っても、直接お会いしたわけではない。戯曲『半神』との出会いである。

高校生の頃、地元にある私立女子校の文化祭だったかで観たのが『半神』だった。

オールフィメールでの上演であったが、そもそもこの作品に男性はあまり出てこないので違和感はなかった。主人公は醜い見た目だが賢いシュラと、美しいけれどいつもぼんやりしているマリアの、結合の双生児。二人は衣装によって一つに繋がれ、不自由そうに舞台に立っていた。一つしかない心臓が不整脈を打ち始めることで、シュラとマリアは人生の岐路に立たされるのだ。

高校演劇のクオリティでありながら、巧みな言葉遊びと、引き込まれる展開に夢中になり、観終えた後には「いつか絶対、野田秀樹さんの舞台を観にいく！」と心に決め、すぐに戯曲を買い、原作の萩尾望都さんの漫画も読んだ。たった十六ページの漫画を二時間を超える舞台脚本に膨らませた萩尾望都さんと野田秀樹さんは天才以外の何者でもない！　いや、神だ‼と当時私の中で神格化されたのだ（二〇一八年に、中屋敷法仁さん演出版を観て、聞き覚えのあるセリフの一つ一つにニヤニヤがとまらなかった。最高でした）。

いつか舞台でどの役をやりたいかと聞かれたら、私は迷わず『半神』のシュラと答えるだろう。叶う日は来なくとも、考えるだけでワクワクする。

蜷川幸雄さん、三谷幸喜さん、野田秀樹さんと、錚々たる方々の作品に触れ、舞台への憧れを募らせていった私は、その後ありがたいことに舞台に立つようになるが、ここでまた新たな夢ができたのだ。きっかけは劇団☆新感線との出会いである。『ハムレット』を観て以来、尊敬し憧れの役者である藤原竜也さん。彼が舞台に出るという情報を知り、初めて生で観ることができたのが『シレンとラギ』だった。藤原竜也さんと永作博美（ながさくひろみ）さんの切ない愛の物語であるが、そこに派手なアクション、大掛かりなセット、話の本筋と関係のないスパイス的コメディ部分。観終えた後は、出演者の芝居による肉弾戦を目の当たりにし、心地よい疲労感がありながらも心は躍っていた。仕事に忙殺されていた私の身体中にエンターテインメントの栄養剤がドッカンドッカンと放り込まれ、アドレナリンがドバドバ出ている感覚がした。もっと私も頑張りたい。こんなに面白くて、エネルギッシュで、元気になれる舞台ってやつは最高じゃないかと。

その時はまだアイドルで、いつか舞台に立てればと考える程度だったが、その頃から「劇団☆新感線の舞台に出る」と一人心に誓っていた。それからというもの、都合が合えば劇団☆新感線の公演に足を運んでいた。始まる前に必ず流れるJudas Priestの「Heavy Duty」から、プルルッというサイレンが劇場に鳴り響くと、始まるぞ！

とスッと息を吸い姿勢を正したくなり、劇場を後にするときには、「今回も面白かった!!」と満たされた気持ちでいっぱいになるのだ。生の芝居でしか得られないパワーというものがあるのだと、観る度に感じさせてもらえる。

そんな憧れの場所で今、芝居をしている。やっと、とも感じるし、ついに、とも思える。それと共にスタートラインで満足してはいけないと自分を鼓舞し続けている。しかし、始まる前の「Heavy Duty」を舞台袖で聞いていると、込み上げてくるものがあるのだ。

稽古期間は今までになくメンタル管理が大変だった。『ミナト町純情オセロ〜月がとっても慕情篇』はシェイクスピアの『オセロー』をベースにし、関西の港町でヤクザからカタギになろうとするオセロ（オセロー）と、医者の娘のモナ（デズデモーナ）の愛と嫉妬がもつれた物語である。モナは真っ直ぐにオセロのことを愛し、疑うことをしない。それを体現しようとすると、若さだけで突っ走る軽い女の子になってしまわないかが不安だった。しかし、私らしさを多く加えると、モナという女の子には強すぎて、守ってあげたくなる存在にはなれない。

「松井玲奈では強すぎる」

と演出のいのうえひでのりさんに言われ、稽古中に自分が感じていたもやもやがモナに寄り添えない所からくる感覚だと気がつくことができた。私という存在はモナになるには強すぎるのだ。なんせ茨の道が大好きで、大変なことほどやりがいを感じてしまう人間なので、挫けることはあろうともベースがタフガイなのだ。仕事に対するメンタルがマッチョ。

それを言われたのが本番一週間前。稽古場で稽古ができるのは残り三日の時点だった。ああ、時間がない、と狼狽えながらも、どうすればみんなに愛され、守ってあげたくなるモナになれるだろうかと考え、一度全てを捨てて、改めて一から作り直すことにした。

私のイメージするモナに近いのはどんな人物だろう、そう悩み始めた時にふと降りてきたのは、『リトル・マーメイド』のアリエルだった。彼女は人魚に生まれ、人間の世界に強い憧れを持っている。嵐の日に助けた王子エリックに一目惚れをし、彼に近づきたい一心で、魔女アースラと人間になるための契約を交わすのだ。

人間界に興味を持つアリエルに対し、父であるトリトン王は厳しく彼女を窘める。その関係性が、ヤクザであるオセロと人生を共にしたいと願うモナと、それに反対する父と似ているのではないかと思えた。アリエルも自分の好きなものを理解してくれない父に対して強く反発をするけれど、彼女の行動や発言には周りを巻き込んでしまう愛嬌(あいきょう)があるのだ。

これだと思った。私に足りなくて、モナに必要な部分は、アリエルのような人を惹きつける愛らしさと、好きなものを好きだと言える太陽のような明るい性格だ。

役作りに悩んだ時はこうやって自分の境遇を振り返り、演じる役に照らし合わせたり、他からヒントはないかと探してくることが多い。モナにアリエルのようなイメージをプラスしていくと、私自身の持つ陰と強さが目立ってしまっていたモナに、陽のエネルギーと、放って置けない危なっかしさが生まれてきた気がした。

どんどんと湧いてくるイメージの中でモナが私の手を取り、引っぱっていってくれる。今は舞台の上でモナと一緒になって言葉を発する時間が何より楽しいと感じられ、これをもっと膨らませていき、みんなに、お客さんに、オセロに愛される真っ直ぐなモナでいたいと感じている。

芝居の面白いところは、これまでの正攻法が全く通じないところだ。常に応用編であり、今までやってきたことに、新たな知識や経験を盛り込んで作り上げていくところである。すんなりできる時もあれば、今回のようにギリギリまで方向性を見つけられない時もある。まあ、私は基本がスロースターターなので、頭を悩ませているのが常ではあるが。もう少し要領よくはできないものかと感じるけれど、それもまた私なのである。不安に思っているぐらいが丁度いいし、結局ああでもない、こうでもないと悩んでいる自分が好きなのだ。不安は一番のエネルギー源である。

今回、素晴らしい先輩方と一緒に芝居ができて日々学ぶことが多い。みんな全身全霊でぶつかっているし、憧れだった山本カナコさんと中谷さとみさんと一緒に芝居ができることが心から嬉しくてしょうがない。

二人には演じる役でもとてもよくしてもらっている。芝居でも、稽古でも二人の優しさにずっと触れているからこそ、物語がラストに向かっていくにつれ、悲しくて悲しくてしょうがなくなる。芝居がグッとよくなっていくのは一人の力ではない。チームプレイなのだ。お互いの感情が作用しあって、場面がより豊かになっていく。

そしてモナとして楽しく演じられるようになったのは、演出のいのうえさんの力が大部分をしめている。いのうえさんの演出方法は独特で、全部自分で演じてやってくれるのだ。こうです、というお手本があり、それにそって最初は芝居をしていく。なんでここで動くのか、なぜここで息を吸わなければいけないのか、最初は戸惑うことばかりで大パニック。ダメ出しも細かく、呼吸一つにもこだわりがある。ここはひと間、ここは吸っちゃダメ、一息で言うなど、最初はそれを理解するのに苦戦した。理由が知りたくなる私は、なんで⁉　どうして⁉と、大パニックになっていたが、やっているうちに理解できる瞬間があるのが面白い。その時がやってくると、芝居がリズムに乗って途端に楽しくなってくるのだ。

相変わらずひと息つくのは下手くそで、常に頭は考えごとでいっぱい。スローライフを送ってみたいものだと言いながらも、多分、忙しなくしている自分が好きなのだ。本当に何もしたくなければ、私のことだ、全部投げだして何もしなくなるだろう。仕事をして、悩んで、息抜きという名の観劇をして、生の芝居にエネルギーをもらって、またやる気をもらう。自分が演劇に人生を動かされたように、私も誰かの人生をちょっと明るくしたり、ちょっと動かしたりするようなそんな作品を届けられるようになる。それは昔からずっと変わらない夢の一つだ。

劇団☆新感線に参加するのが夢、それは叶った。じゃあ次はなんだろう。夢が叶ってしまったらそこから一体どうしたらいいのか、それがここ最近私が抱える問題である。満足していないからこそ、じゃあ次はどうしたらいいのかと考えあぐねている。もちろん、今の作品をやり切るまでは夢が叶ったとは言い難いが、辿り着いた場所で自分には何ができているのだろうと思うのだ。家に帰っても頭が休まることが益々無くなった。そうして辿り着いたのは、また参加させてもらうということ。それが新たな夢だ。

私は現状に満足しないし、できない。常に自信がない。だからこそ一息つくのが下手なまま、もがきながら更なる上を目指して手を伸ばしていく。

面倒くさいったらありゃしない。

定点観測（自分）

ひとり、部屋の中にこもっていると、携帯を開き、SNSやニュースばかり見てしまう。すると、知っている人たちの輝かしい日常が次々と流れてくる。普段はそれを見ても「楽しそうだな」「よかったねえ」と穏やかな心で受け止められるのだが、稀に、決まった周期があるかのように何もない自分に強い劣等感を感じることがある。

どうして、どうしたら。仕事でのステップアップや、日常生活の充実など、人と比べたところで何にもならないとわかっていても、チクチクと刺すような痛みが心と頭を襲ってくる。自分が深い井戸だとしたら、気持ちの上がり下がりは滑車によって管理されているはずだ。気分が落ち込んだ時は滑車がぐるぐると回り、気持ちを溜め込むバケツは井戸の底へ沈められていく。まさにどん底の気分。

ひとりの時間が好きだし、ひとりでどんなことも十分に満喫できる私だが、この精神をじわりじわりと蝕む焦燥感は一体なんなのか。周りから置いていかれている気がしてならない。原因をじっくりと考えてみると、友人に全く会えていないことに気がついた。

思えば昨年の秋から舞台の仕事で、稽古場や劇場にこもりっきりだった。時々ぽっと空いた時間に友人に会えることもあったが、今は大阪公演真っ只中でもう二週間以上、大阪に滞在している。

私が今猛烈に欲しているのは、なんでもないことをダラダラと気兼ねなく喋り、時々お互いの話を聞いているのか不確かな、「ああ、うん」といった相槌を返し合う、あの時間だ。会えなかった期間にあった大きなトピックを矢継ぎ早に披露し合い、とっておきのニュースを臨場感たっぷりにニヤニヤしながら報告し合う。あの時間が、何よりも愛おしく、大切なのである。

今、私の心はふれ合いというオアシスを求め枯渇状態である。これは電話ではダメなのだ。直接会って、ダラダラと半日くらいを一緒に過ごし、当てもなくふらりと散歩し、気がつけば表参道から東京タワーまで歩いていたことに驚きながら、それにもかかわらずカフェに入って、また思いつく限り話し合うことに意味がある。

妄想の旅行計画を立てたりするのも楽しい。一度そうして「台湾に行きたいねえ」と話し、実際に一泊二日の台湾旅に出たこともある。あれは非常に楽しく、そして忙しない、ハプニングの多い食い倒れの旅だった。

午前中に日本を発(た)ち、昼頃に台北に到着。そのまま台湾の鉄道ＭＲＴに乗り、流れる街並みを眺めながら市街地へと向かった。空っぽのお腹を抱えた私と友人は、私が台北に来る度に訪れる店へお気に入りの小籠包(ショウロンポウ)を食べに急ぐ。それはもう急ぐ。空腹で今にも倒れそうだったのだ。

そこで必ず頼むのはトリュフ小籠包。あふれる肉汁の中からふわりと香るトリュフの豊かな香り。ごくりと喉を鳴らしたのも束の間、熱々の小籠包が喉を流れていった。他にもスタンダードな小籠包、蟹味噌(かにみそ)小籠包、ＸＯ醬(ジャン)小籠包、大好きな大根餅など、蒸籠(せいろ)でテーブルがぎゅうぎゅう詰めになるほど頼んだ。小籠包はどれも肉汁がたっぷりで、箸でつまみ上げると肉を包む皮が餡(あん)と肉汁の重さに耐えるように僅かに弛(たゆ)む。飲み込むように胃の中に収め、最後は美味しいジャスミン茶でどうどうと胃をなだめ落ち着かせた。

満足げな胃を抱えて次に目指すのは九份(きゅうふん)である。高低差のある街並みが夜になるとより美しさを増すこの場所は、台湾の中でも有名な観光スポットのひとつである。友人がここを訪れたいというので、今回の弾丸旅行でも組み込んだのだが、向かう方法はタクシー、バス、鉄道のいずれかだ。私が初めて訪れた時は鉄道を使い、言葉のわからない初めての土地で見事に乗り換えを間違え、拙い言葉で駅員さんに半泣きで助けを求めたので、それ以来、直通タクシーを使う一番安全で確実な方法を取ることにしていた。

しかし今回は友人の希望で台北市内からバスを使って行くことに。ここで伝えておくが、私はバスが苦手である。いや、苦手どころではない。最も怖いのりもの、それがバスだ。バス停にやってくるバスが自分を目的地に運んでくれる車両かどうかいつも疑心暗鬼になるし、道路状況によって時間が読みづらいのもソワソワする原因だ。

日本でもバスに乗る時は嫌というほど目的地を確認するし、運転手さんにもこれは行きたい場所へ向かうバスか確かめる。そこまでしても座っている間、うっかり乗り過ごしはしないかと不安で心臓の音が聞こえるほど緊張する。だからできるだけひとりではバスに乗りたくないのだ。それが異国の地ともなれば尚のこと。この旅は友人がいたので、彼女に全幅の信頼を置き、同じバス停に並ぶ日本人旅行者らしき女性グループに声をかけることで、どうにか心を落ち着けて九份行きのバスに乗ることができた。

　乗ってしまうと、友人は満腹感と早起きによる眠気からうとうとと船を漕ぎ始めた。絶望である。彼女の頭がかくんとなる度に、私の心臓は跳ね上がり、落ち着かなくなる。乗ったバスはどうやら直通ではなく、いくつかのバス停に止まり、最終的に九份に着くようだった。絶対に寝てはいけない、絶対に乗り過ごしてはいけないと、すやすやと寝息を立てる友人を横に神経を尖らせた。

　バスが止まる度に顔をあげ、キョロキョロとあたりを見回す。救いだったのは九份のバス停付近の景色をしっかり覚えていたことである。車内の電光掲示板の文字が九份になるのをしっかり確認し、友人をゆすり起こし無事に目的地にたどり着くことができた。

　ギラギラした眼の私をよそに、友人は寝ぼけ眼（まなこ）で歩いていたが、有名な阿妹茶樓（アーメイチャーロウ）が見える景色に辿り着くと「ここがあの有名な！」と目を輝かせた。

　このお茶屋さん、以前ひとりで訪れた時は日が落ちた後に、テラス席でお茶を楽しんだ。熱（ほて）った体を冷ましてくれる爽やかな風に吹かれながら、ほっと染み渡る台湾茶とお茶菓子をじっくり味わった。甘いものも、しょっぱいものもあり、砂糖を固めた落雁（らくがん）のようなものが特に気に入った。

通りに立ち並ぶ屋台を二人で眺めながら、目的の芋圓（ユーユエン）のお店へと向かった。芋圓とは甘いシロップの中に、タロイモで作ったモチモチのお餅が入っているスイーツだ。暑い時期はキンと冷たく、寒い時は温かいものをハフハフ口の中で冷ましながら食べる。

灯籠が吊（つ）るされたノスタルジックな街並みの中で適当な石段を探し、仲良く腰を下ろして芋圓を楽しんだ。

帰りは心臓がもたないから直通タクシーにさせて欲しいと頼み込み、無事バスを回避することができひと安心。タクシーの中では日本のポップスとは雰囲気の違う音楽が流れていたが、運転手のおじさんはノリノリで時折歌いながらハンドルを切っていた。日本でいう演歌のようなジャンルなのかと、おじさんに聞いてみたところ、台湾で人気の男性歌手のヒットソングだと教えてもらえた。懐かしい歌謡曲っぽさがあるいいメロディーだった。食にばかり興味を持っているが、次は音楽文化にも触れてみたいなとこの時感じたのである。いつか台湾アーティストのライブにも行ってみたいものだ。

その日の宿泊先は、台北の日本人街、中山駅周辺のホテルを取っていた。以前も泊まったことのあるここは、日本語の通じる方が働いていて、何かあっても平気だという安心感がある。さらにとても安く、それなのに浴槽付きの部屋なのである。

疲れた体を引きずり、その日はちょっと古びた部屋のベッドで二人ぐっすり休もうと思ったが、翌日の昼には日本に帰る私たち。まだ時刻は二十時で、ここで一日を終わりにするわけにはいかないと台北最大規模のナイトマーケット士林夜市へと繰り出すことにした。なんともアクティブである。

部屋を出るため鍵をかけようとすると、右に回しても、左に回しても鍵がかからない。どうして、なぜだと騒ぐ私たちの声を聞きつけた若い男性の従業員が飛んできて(私たちの部屋は二階で階段のすぐそばだったから、ロビーまで声が聞こえていたらしい。そして、彼は日本語がわかるため、来てくれたようだ)、部屋番号をチラリと確認すると、

「この部屋、コツがいるから」

と言って、どんっ!と轟音を立ててドアを閉め、思いっきりノブをひっぱったまま

鍵をカチャリとかけてくれた。どうやら建て付けが悪くなっているらしく、ドアを強くひっぱらないと鍵がかからないらしい。彼はよくあることだと言い、気をつけてと私たちを送り出してくれたが、鍵のかかりにくい部屋を引いてしまったことで私は友人に対して罪悪感を感じてしまった。女ふたり旅でこれはさぞかし心配だろうと。申し訳ないと口にすると、彼女はケロッとした顔で「めっちゃ面白いから大丈夫」と言ってのけ、そのあとは二人で騒ぎながら夜市で臭豆腐（しゅうどうふ）を食べた。

煮込まれた臭豆腐は鼻の近くに持ってくると口を開けることすら躊躇われる異臭で、口に入れてもその臭いが鼻に抜け、体の内側から悪臭でボコボコに殴られているようだった。しかしそれすら面白い。お互いに食べるところを動画に収め合ったり、私の口には合わなかったトマト飴を食べてげえげえ言い、最後はお気に入りのピーナッツのかき氷を食べて、日付けが変わる頃、鍵のかかりにくい部屋へと帰った。

翌朝、スッキリ起きた私たちはリュックサックに荷物を詰め込み、昨日の彼に別れを告げ街へ繰り出した。台湾で一番の朝食を食べに行くためである。

台湾へ来たら、美味しい朝ごはんを食べるに限る。これをしなければ一日が始まらない。中正（ちゅうせい）記念堂近くのお店は八時前だというのに既に行列ができていた。慣れた調子で鹹豆漿（シエントウジャン）と、豆乳、小籠包、油條（ヨウティアオ）、蛋餅（ダンビン）を頼むとテーブルの上は湯気たつ食べ物でぎゅうぎゅうになった。台湾へ来ると私の胃袋はブラックホールのようになるのだ。

鹹豆漿は無調整の豆乳に味付けをしたおぼろどうふのような食べ物で、熱々をれんげですくって食べる。桜エビや揚げパンの油條が入っているのが特徴だ。カリカリの油條が好きな私は必ず追加でもう一本頼む。あまりの量の多さに友人は驚いていたが、どれもとびっきり美味しく、難なくぺろりと食べ切ってしまった。

そのあとは中正記念堂の敷地を散歩してお腹を落ち着かせ、龍山寺を訪れお参りをした。

帰国へのタイムリミットが迫っている中、もう一度かき氷が食べたいよねとなった食いしん坊二人組は、午前中でも開いているかき氷屋を目指し、台北の西門町へと向かった。若者向けのアパレル店や、飲食店が並ぶ街で、マンゴーと、チョコレートバナナの巨大なかき氷を胃袋に流し込み、これ以上はもう食べられないと、胃のあたりからぽっこり膨らんだお腹を抱え、急ぎ足で空港へと向かったのである。

空港についてから友人は「最後にもう一食」と名残おしそうに魯肉飯（ルーローハン）を食べていた。脅威的な胃袋に驚きながら、私は胃の隙間に流し込むように甘くて冷たい豆乳と、スイカジュースを交互に口にした。

二十四時間も滞在しなかった台湾旅であったが、しっかり三キロ増量していた。これは、幸せの重さと自分に言い聞かせ、しばらくは節制した食生活を心がけたのも含め、いい思い出である。

こうやって友人と旅行に出かけたのも随分前だ。思いっきり遊び、食べることの気持ちよさたるや。またこうして伸び伸びとハメを外したいが、まだ舞台の本番中である。楽しみはもちろんあるが、友人と会えない状況に変わりはないのである。

二年前に一年間イギリスに留学していた友人を訪ねるという計画があった。しかしその計画を実現することは難しくなり、そのうちに彼女は日本へ帰国した。オンラインで何度か顔を合わせていたが、一年ぶりに実際に会えた時、私たちは手を取り合い涙して喜び合った。二人で頼んだ何種類ものアイスクリームが溶けないようにぱくつきながら、話す口は止まらない。あっという間に数時間が経ち、それでもお互い会えなかった日々の話は終わらなかった。

誰かの輝かしい日常の一片が羨ましくてしょうがなく、嫉妬心にかられる時、それは自分もそうなりたいと羨むからだろうと考えた。ここに行った、これを食べた、こんな仕事をした。画面の中で眩しい笑顔で笑っている人たちを、暗い部屋の中で見ていると何もしていない自分が酷く惨めに感じる。

誰かに会えていれば、コミュニティと切り離されている感覚は薄れるのだろうか。それとも。

休演日に携帯をカバンの奥にしまい込み、本を手に街を当てもなく歩いた。年季の入った喫茶店の看板を見つけると、ここだと決め込んでアイスコーヒーとトーストセットを頼む。ホテル住まいだと、なかなかトーストを食べる機会がないことにその時気がついた。サクッとした厚切りのトーストはバターがじんわりと染み込み、噛むと口の中が甘いバターと小麦の味でいっぱいになる。こんなひとり時間も好きだけれど、他の席で楽しげに話す人たちを眺めると、トーストを噛み砕く咀嚼音が自分の頭の中に大きく響く。

切り取った日常の一部をシェアしても、それは日々の一瞬にすぎない。同じ喫茶店にいる人たちも、充実した日々を過ごしているように見えて、仕事に没頭して自分の時間が無くなったり、うまくいっている誰かを羨んだり、取り残されてポツンとした自分自身を惨めに思うことがあるのかもしれない。

自分の時間を大いに楽しみつつ、東京へ戻ったらいつ友人達に会えるかをなにより楽しみにしている。学生時代のように、どんな些細なことも共有できる友人関係ではなくなったが、その人とだけの話題があることに今は幸せを感じている。あの人とは仕事の話を、この人とは生活の展望の話を。年齢が上がるごとに、恋愛の話や、健康の話までトピックが増えていった。

友人と、バリウムを飲んだ後のゲップをどうやり過ごすかについて知恵を絞り合ったり、健康診断の結果を報告し合った時は、「私たち一緒に長く歳を重ねてきたんだね」となぜだかしんみりした空気にもなった。

相手が経験した話から多くの刺激を受け、新たなインスピレーションが浮かんでくることもある。その新しい目が開く感覚が特に好きだ。だから友人と話すのはやめられない。

誰かを羨むときは、自分が変わりたいと感じている時だ。充実した日々を誰かに見てほしいわけではない。

大阪は晴れ。けれどまだ肌寒い春。ホテルの部屋はいつもちょっと暗くて、ベッドサイドのライトは時々ポルターガイストみたいにチカチカと点滅する。そんな些細なことを笑いながら共有できる友人が、傍にいない。

日常に刺激を。

自由気ままな日常も、自分しだいで刺激的な日々に変えることができる。羨むのなら行動せよ。今年は友人達とどこかへ出かけよう。小旅行でもいい。保留にしている旅行の予定を掘り起こしたり、美味しいお店に一緒に行くのもいいだろう。そこで、しょうもない話を延々とする、そんな時間を作ろうじゃないか。

クリストファー・ロビンに従って

地方での撮影を終えてようやく自宅に戻ってきた。猫たちは飼い主が帰ってきてもまったりくつろいで我関せずで、荷物を下ろすと緊張の糸が切れ詰め込んでいたセリフたちが頭から耳へと流れ、外にドロドロと溶け出していった。数日間の撮影の中、朝から晩までみっちり毎日十何ページも撮影しセリフを喋り、もうしばらくセリフなんて覚えたくない！　台本なんて開いてたまるか！　頭を休めさせてくれ！と荒んだ気持ちだった。初めてのチームの中に飛び込んでいった緊張感もあり、疲労感はいつもの倍以上。移動の車の中で泥のように寝ていたせいで目はしょぼしょぼ、他人が見たら糸ほどの薄さでしか開いていなかっただろう。体の力が抜けヘナヘナと床に倒れ込んだ。床にべたりと頬をつけながら、「ああ、またセリフを入れないと。確認することもあるし、原稿だって書かないと。……ダメだ。明日やろう、そうしよう」と力を振り絞って、溶け始めた体を引きずり顔にのっかったままの化粧を拭い去ってベッドへ飛び込んだ。猫たちはノロノロやってきてペトリと私の足元にくっついて毛繕いを始めたが、二匹の寝息を聞く前に私の意識はぷつりと途切れた。

酷く疲れた日の眠りとは不思議なもので、さっき目を閉じたばかりのはずなのにあっという間に朝になっている。深い眠りとも違う、「寝たはずなのにまるで寝てないみたいだ!」といった感じで理不尽な気持ちになる。そんな時は二度寝をすればいいが、二度寝が苦手な私は不貞腐れながら猫に引き連れられて起きるしかない。

帰宅した時は無関心なのに、ご飯の時は甘えた細い声で「ごはんくれーごはんくれー」と私の足の間を器用にぬいながら歩く猫たち。こちらもまた器用に避けながらご飯の用意をし、体を起こしていく。

頭の中にぼんやりあるのは「なんにもしたくない」ということだ。『くまのプーさん』に出てくるクリストファー・ロビンが「世界で一番好きなことはなあに」とプーに問いかける場面がある。プーは「君がはちみつはどうだいって言うことさ」と言うけれど、クリストファー・ロビンは「なんにもしないことだよ」と答える。私はこのセリフが子供の頃からずっと気に入っている。なんにもせず自由気ままにしていられれることがどれだけ幸せか。

小学生の頃はいかにして学校に行かずに済むかを考えていた。ずる休みした日の音のない家の中で、罪悪感を抱えながらもリビングでだらだら寝転がる。毎日寝起きをし、生活をしている家なのに不思議と私だけの秘密の空間に感じられた。同級生が勉強をしている時間に私だけは家にいて、大声で下手くそな宇多田ヒカルの曲を歌おうが、兄のゲームや漫画を勝手に借りようが誰にも怒られない。家にいない母には何も言えまいと、王様気分で食パンにたっぷりのいちごジャムとマーガリンをのせ『笑っていいとも！』を見た。月曜から金曜まで同じ時間に同じ場所で生放送をしてタモリさんは飽きないのだろうか、私なら飽きちゃいそうだなあと、しょうもないことを考えていた。

同じ頃、私は団体行動が何よりも苦手な子供だった。学校に行きたくない気持ちの大半はみんなと一緒に何かをしなければいけないことが窮屈だったからで、移動教室やトイレに行くのまで友達同士で目くばせをし合って連れ立って歩く様子に辟易(へきえき)していた。自分ひとりで教室は移動できるし、トイレだってなんで友達と一緒に行かないといけないのか不思議でしょうがなかった。

その中で特に嫌だったのは夏にやってくる水泳の時間だ。私は水の中に浮かんでいるのが好きだった。小さい頃にスイミングスクールに通っていた私は、上手くはないけれど、クロールも平泳ぎもわざわざ学校で教えてもらわなくても泳ぐことができた。だから水泳の授業では準備運動が終われば泳げる子はお好きにどうぞといった感じで、自由に泳がせて欲しかったのだがそうはいかない。全員できっちり準備体操をし、ばた足の練習、ビート板を使って25メートル泳ぎ、それからビート板なしで泳げる人は列を成して決められた距離を往復して泳ぎ切らなければいけなかった。私にとっては開放的な水の中なのに、前を泳ぐ人の足からふわふわと押し寄せる水圧を煩わしく感じ、後ろを泳ぐ人の水をかいた手が時々自分の足に当たると気持ちが急かされた。誰かに挟まれながら泳ぐのはとても窮屈で居心地が悪い。自由にさせてくれと叫び出したかった。

息継ぎをする度に先生がメガホンで「列を乱すな。みんな同じスピードで」と言っているのが聞こえ、水の中で誰にも見えないようにしかめっ面をする。先生の気分が変わって、ただ浮かんでいたい人のレーンを作ってはくれないだろうかとずっと考えていた。

中学になると、泳ぎの速い人のレーンと遅い人のレーンに分かれるようになった。泳ぐのが遅い私はゆったり自分のペースで泳げることに最初は喜びを感じていたけれど、次第に与えられたノルマの距離を泳ぎ切るのに必死になり、水泳の授業の後は疲れ果て、濡れてぐしゃぐしゃの髪のまま人の目も気にせずに机に突っ伏して眠るようになった。この頃、体力もなく体調を崩しがちだった私は次第に水泳に参加することがなくなり、中学三年生の頃には水泳の授業はずっと見学をし、代わりにレポートを提出していた。四十五分の授業の間、同級生のクロールの腕が上がる度に飛んでくる水しぶきが足にかかって濡れることが煩わしかった。それでもなんにもしないで雲がただ流れていくのを見て楽しんだり、プールサイドのタイルが何か意味のある模様に見えないかと考えを巡らすことに心躍らせていたし、タイルの間から生えた雑草を抜いて自分の周りを綺麗にすることに達成感を覚えていた。

大人になるほどなんにもしないことはできなくて、ぼーっと雲を眺めたり、意味もなく雑草を抜くことなんてなくなった。今となってはせかせかと詰め込んだ予定に追い抜かれないように必死になって走る毎日だ。

もやがかかったままの頭の中で「うわー、なにもしたくない」と小さな私がずっと駄々をこねている。大人として、〝やらねばならぬこと軍〟に白旗をあげ屈することにするかと、渋々仕事部屋に入ったがどうにも落ち着かない。ああ、そうだ。前々からこの部屋の家具の位置が気に入らなかったのだ。扉に向かって置かれた作業机はリビングの様子が見えて気が散ったし、本棚の位置もどうにもイマイチで圧迫感があった。せっかく置いたドレッサーも、部屋の奥まった位置にあるせいで鏡に映る自分の顔が暗くどうにも化粧がしにくい。考えれば考えるほど家具の配置に対する不満が溢れ出してくる。こんな部屋で今からやろうとしている仕事が捗るわけがない。そうこうしているうちに、「えいやー」という掛け声と共に大掛かりな模様替えに取り掛かったのである。人はどうして現実逃避に走るとき掃除を始めるのだろうか。

中学の時も高校の時も定期試験の度に部屋の掃除を始めてしまい、本棚に並ぶ漫画を片づけるつもりが漫画に夢中になったことが何度あっただろう。棚から全てのものを引き出し、「いるもの」「いらないもの」を分けるつもりが収拾がつかなくなり、散らかった部屋の中心で何度も途方にくれた。結果のよくなかった答案用紙を見つめながら、次はちゃんとやろうと心に決めたにもかかわらず、数ヶ月後にまた同じことを愚かにも繰り返す。

本棚を一人で動かしながら、私はいくつになっても現実逃避の口実に片づけを始めるのだなと恥ずかしくなった。

しかし、今回の片づけ掃除という名の模様替えは絶対に成功させなければならない。なぜなら私には今日中にやらなければならないことが山ほどあるからだ。部屋の雰囲気が変われば気分も変わりやる気が起きるさ！と自分に言い聞かせ、本棚に体重をかけ押し動かした。重たい本棚はゆっくりと動き始める。

今でこそ部屋をそれなりに綺麗に保つことができるようになったが、東京に出てきたばかりの頃は全く片づけができなかった。仕事の合間にネットショッピングしたものが家にどんどん届き、部屋がもので溢れていく。収納の仕方もわからない私はただ山積みにすることしかできず、時々母が東京に来ては私の荷物を実家へ持って帰ったり、処分してくれていた。これではダメだ！と収納の仕方を勉強するために買った本や仕分けボックスが次々と部屋の肥やしになっていくのだ。

部屋を綺麗に保てるようになったのは猫と生活をするようになったことが大きなきっかけだと思う。一緒に暮らすぞと決めてから、床にものは置かない、しまう、ものを減らすという三つを心がけるようになると劇的に生活がしやすくなった。以前は買ってきた本やもらったものを大きな紙袋に入れて床に置いていた。全て撤去した床に寝そべりゴロゴロと転がると、私の部屋はこんなに広かったのかと驚いた。広々とした床をダーッと水拭きすると窓から差し込む光をいっぱいに受け止め、床が嬉しそうにキラキラと輝き、部屋全体がパッと明るくなった。

次はものを減らすために使わないものは容赦なく処分した。いつか使うは使わない、必要なときにもう一度買いなさいと自分に言い聞かせ、今本当に必要なものだけを残すことにした。洋服も、本も、雑貨も、食器も、部屋にある収納部分に入るだけにすれば自然とものが溢れ出ることはない。それを実践し始めてから、無駄な買い物がグッと減った。買う前に一度自分と入念に会議をする。本当にこれが必要かを考え、どうやって使うかシミュレーションする。そこから更にしまう場所はあるかを考え、一晩か二晩「欲しい」と思った感情を寝かせることにする。改めて考えてみて、欲しい、必要だ、と思えればそこでやっと購入することを決める。

しかしこの方法にはかなり大きなウィークポイントがある。欲しい気持ちを寝かせるうちに売り切れてしまうことだ。そうして「ああ買っておけばよかった!」と悔し涙を流すことが何度もあった。その度にこれは人生の大切な勉強だと学びにし、今は、絶対に欲しいから買うものと、吟味して買うべきものを分けるようになった。

　模様替えのついでにと、今度は本棚の整理まで始めてしまった。他にやるべきことがある時に絶対にしてはいけないのが本棚の整理である。途中で本を開いてしまい、作者順に並べ替えようとか、好きな作品はこの棚に並べようなどと始まってしまう。本棚を動かすだけでは飽き足らず最大の禁忌に手を出した私は、この並びは今の気分と違うではないかと、せっせと本を引き出し、本の高さを揃えながら見た目が美しくなるように並べ替える。

　ピチッと並んだ本棚はタキシードを着てばっちり決めた紳士のようで惚れ惚れする出来だった。背表紙の高さがきっちりと揃った本たちのてっぺんに手を滑らせていくと、大切な本たちが更に魅力的に感じられた。

　そうこうしているうちにあっという間に午前中が終わってしまい、「流石に仕事と向き合わねばなるまい」と思うのだが、やはりなにもしたくないのだ。仕事部屋の模様替えと掃除はまだ終わっていない。床の上にものを置かないと決めているのに、ものを動かすためにどかしたり棚から出したものが床に散らばっている。こんな状況で仕事をしようにも集中できるわけがない。やはりまだ片づけを続けるべきではないだろうか。
今度はとりあえずの荷物が積み上げられたドレッサーに取り掛かる。部屋の奥にひっそりとあったものを窓際に移動すると、自然光で以前より顔がはっきり見えるようになり、顔色も心なしかよく感じる。これでチークを塗りすぎたなんて失敗が減ることだろう。暗い場所でメイクをすると全てがくすんで見えるせいか、いざ明るいところに行ったときにアイシャドウもチークも濃すぎてリップの色は全く合っていなかった。「なんか今日メイク変じゃない?」と友人にも指摘され、恥ずかしくて逃げたくなったことがあった。それ以来ライトのつく洗面台で完成したメイクを確認するようになったのだが、明るい窓際にドレッサーが来たことにより、その手間もなくなりそうだ。何より窓を開け放ち気持ちの良い風が入り込んでくる中でメイクできるのがいい。

ドレッサーの上にはまだ開けていない基礎化粧品の箱たちや、棚の中に入っていた雑貨が乱雑に積み上げられていた。そのひとつひとつを元あった場所に戻すとあっという間にスッキリと片づいた。どうせならメイク用品も整理しようじゃないかとドレッサーについている引き出しを開けると、数ヶ月前に減らしたばかりなのに化粧品がパンパンに入っている。特にリップは、ここに入るだけと決めているケースから溢れ出し、リップの上にまたリップを重ね小さなジェンガのように積み上げられている。

リップを塗るためのくちびるはひとつしかないのにどうして次から次へと買ってしまうのか。一晩置いて冷静になって考えているにもかかわらず、不思議と増えていく。更に不思議なのは似たような色ばかりあることだ。自分に似合う色、自分の好きな色を選んでいるのでそうなるのも当然だが、サーモンピンク、サーモンピンク、モーブピンク、サーモンピンク。サーモンピンクのリップに取り憑かれているのではないかと疑うくらい、どれを塗っても似たようなサーモンピンク時々モーブなのだ。アイシャドウも、チークも、ファンデーションもそう。ひとつの顔に対して化粧品の所有数が多すぎる。

使い始めてから一年たったものはさよならすると決めて片づけ始めると、棚の中は随分とスッキリしたが、どうせまたすぐにリップの収納部分にジェンガができることだろう。みんなどうやってリップを買うのを我慢しているか教えて欲しいくらいだ。

部屋の片づけもいよいよ終盤に差し掛かった。散らばっている残りの雑貨を元の場所へ戻し、ゴミをまとめて捨ててしまえば終わってしまう。終わってしまうということとは切羽詰まった時の片づけ（模様替え）の幻想に別れを告げ、現実と向き合わねばならない。私は苦し紛れに床を磨きだした。こんなところに汚れがとか、傷があったな埋めておこうなどとやっていると段々と部屋が薄暗くなり、グレーがかった太陽の光が床に反射し、部屋の中がモノクロに見えた。

「またそうやってなんにもしないで片づけ散らかして」

定期試験の度に片づけ始めてしまう私に母はそういって顔を歪めていた。だって部屋が汚いとやる気が起きないんだもんと口を尖らせ反論していたが、あの時の私は片づけているふりをして、やるべきことに対して何もしていなかった。大人になって「なんにもしない」はなかなかできないと思っていたが、いくつになっても私は「なんにもしない」を続けていた。

模様替えをし、前より広く感じるようになった部屋の中でようやくこれを書いている。「なんにもしない」片づけも時にはいいものだ。

人生こだわりの

ポッキー　三角食べ

脈絡のない言葉がふたつぽつりと、スマホのメモ機能の中に置き去りにされていた。時々、パッと思いついたことや、忘れないようにしなければならないことをメモに記すのだが、今となってはこのふたつの言葉をどういった理由で書き記したのか見当もつかない。ポッキーと、三角食べになんの関係があるというのだ。ポッキーを箸に見立てて三角食べをしろということだろうか。わからない。わかるのは、私はポッキーは極細派で、三角食べが苦手だということだ。

ポッキーは細いに限る。力を込めれば簡単に折れてしまいそうな極細ポッキーは、なんと言っても歯応えが最高だ。台本と向き合いながら、映画を見ながら、ゲームをしながら、どんな時でも口に運べば、ぽりぽりぽりぽりと小気味良い音と共に口の中に吸い込まれていく。このぽりぽりと食べる感覚は他で代用するのはなかなか難しいと感じている。

じゃがりこでは太すぎる。味は大変おいしいが、あれは嚙みごたえが強くゴリゴリと下顎に響く感じがして、食べるときに「よいしょ！」と気合を入れなければならない。「じゃがりこ、いる？」と聞かれると、並々ならぬ覚悟で手を伸ばしている自分がいる。ロングタイプなら白旗をあげて降参だ。お湯を入れてマッシュポテトにするのが心穏やかにじゃがりこを食べる方法だと考えている。そこにさけるチーズを入れてかき混ぜれば、ひと時話題になった、じゃがアリゴの完成だ。

フランス中南部の郷土料理「アリゴ」を模した食べ物だが、本来マッシュポテトの中にニンニクやチーズを加えお餅のように伸びてトロトロした食感を楽しむ食べ物。じゃがりこにお湯を注ぐだけであっという間にマッシュポテトができ、そこにチーズとニンニクを混ぜれば本格的なアリゴの完成、こんな簡単なことはない。そして味も言うことなしに美味しいのだ。日本でこれが話題になったのは、日本人がお餅のようなモチモチした食感のものが好きだからという説もあるそうだ。しかし、どんな理由があれ、うまいものはうまい。

極細ポッキーは細いが故に一袋あたりの本数が多いところが好きだ。袋を開けた瞬間に「こんなにたくさん食べられるなんて幸せ！」と毎回思わせてくれる。これは同じ細い形状のプリッツでは味わえない感覚であると思っていたが、なんと調べればどちらも本数がほぼ同じだった。それでも私は極細ポッキーが好きだと叫びたい。

しかし、プリッツはプリッツでいいところがある。ぽりぽりとした食感もそうだし、食べるほどにくちびると指に付く塩のおいしいこと。最後の一本を食べた後に満を持してくちびるをぺろりと舐めると、そのしょっぱさにきゅんとして幸せに包まれる。プリッツに関しては、この最後のひと舐めのために食べているまである。指についた塩はひとりならぺろりとするけど、誰かと一緒ならぐっと我慢する。

プリッツに負けない極細ポッキーの好きな部分はどこなのかと自分に問いかける。あれ……私、本当はプリッツが一番好きなのかもしれない。そうなると、なぜ「ポッキー」とメモをしたのかはますます謎のままだ。

思えばプリッツは私の中で「母の味」なのだ。まるで母がプリッツを作ったような言い方だが、そうではない。我が家は両親が共働きの家庭で、私が高校に入るくらいまで母は毎日仕事に追われながら家事をしてくれていた。そんな母が仕事の合間や、家でくつろぐちょっとした隙間時間、本を片手に食べていたのがプリッツだった。アクティブにあっちへ走り、こっちへ大きな荷物を運び、テキパキと働く母が腰をおろしている姿だけでも珍しいのに、ぽりぽりと自分のリズムでプリッツを食べる姿はリラックスモードそのものだった。その姿をじっと見つめていると、母は決まって「いる？」と聞きながら手招きしてくれた。私は嬉しさをあまり表に出さないようにしながらうなずいて、母のプリッツをゆっくりゆっくり食べていた。だからプリッツは母の味なのだ。

極細ポッキーが出始めた十五歳の頃、私たち友人グループの中では一大ブームが巻き起こっていた。友達と遊ぶときはコンビニへ立ち寄り、迷わずこれを買い、待ち合わせ場所へ走った。

夏はクーラーの効いた部屋で麦茶を喉を鳴らして飲みながら、『大乱闘スマッシュブラザーズ』で白熱する。その傍らには袋をガバーッと開けた状態でポッキーが広げてある。それをノールックで手にし、口に運んではぽりぽりとやっていた。スマッシュブラザーズで必殺技をくらうと思わず「あー！」と声が出て、くわえていたポッキーがポロリと落ちる。

最近の気になる子は誰かとか、面白かったテレビの話とかをして、テストの点数を教え合いながら息継ぎをするようにぽりぽり食べた。

極細ポッキーは思い出の味ではなく、私たちの味なのである。必ず誰かが持ってきて、みんなで集まる時には絶対あるお決まりのやつ。友達や自分の部屋という閉ざされた場所で食べる私たちだけの秘密の味。

今でも見つけると手に取って嬉しくなる。チョコレートのかかっていない部分を無造作につかみ、ひとり、ぽりぽりやりながら、みんな元気かなあと思いを馳せる。

幼なじみふたりが同時期に出産をして、今は大変だと言いながらも楽しそうに子育てをしている。ふたりは今、ポッキーを食べる時間があるだろうか。ちゃんと眠れたり、自分の時間を持つことはできているかと考えを巡らせていると、口の中に含んだ部分のチョコレートがすっかり溶けて、しなっとしたプレッツェルの食感が歯から伝わってきた。

スマホのメモの謎は依然解けないままである。思いつきのメモなんてそんなものばかりか。七年前からの、買い出ししないといけないもののリストや、確認事項、出演作に関するアンケートまでメモには残されている。

どうにも引っかかるのは、私は三角食べが苦手だということをメモに記さなければいけない状況にあったということだ。そこに至る経緯を全く思い出すことができない。ポッキーを買いたいと思った後に、誰かに食事の食べ方を指摘されたのだろうか。そんなことがあるのか……？

しかし、いつだったか食べ方を指摘されたことは覚えている。人とご飯を食べている時に、

「同じものばかり食べてるね」

とちょっと笑いながらいじわるに言われたのだ。瞬時に、この人の中でのマナー違反をしてしまったのだと悟った。

出されたお膳に対して、おかずを食べ、ご飯を食べ、汁物を飲み、と順々に食べることが一般的によしとされているのはわかっているが、どんぶりでもないのにおかずの後にお米を口に招き入れるのがモゴモゴするし、苦手なのである。親子丼ならまだ受け入れられるけど、野菜炒めは野菜炒めの味として味わいたいし、お味噌汁はお味噌汁としてググッと飲み干したいじゃないか。一緒に食べたくなったら自発的にねこまんまにするし。

それでもひとつの味をそのままに、という考えは一般的にはよくは思われない食べ方なのだろう。バランスよくお膳を食べ進め、最後をおかずとお米で締めている人を見ると、私にはできないことだからこそ拍手を送りたくなる。

そもそも私はお膳というものが苦手だ。お皿の上に載ったものを食べ切らなければいけないというノルマを課されているようで緊張する。食べるのが遅いとか、食べる量が少ないとか、あれこれ思われたり言われたりしないだろうかとビクビクする。お弁当も同じである。「それしか食べないの?」と言われる量でも私の中では食べている方だったりするので大変気まずい。どんぶりは好きだけど、外で食べるときは過酷な試練に立ち向かう気持ちで食べている。最初は美味しくかき込んでいるのに、お腹が満たされていくと、まだ減らない、まだ減らないと気持ちが追い詰められていく。

学校の給食は当然時間内には食べ切れず、休み時間まで使ってどうにか食べ切っていた。そのうち自分の食べられる量がわかってくると、クラスメイトに声をかけ、おかずと牛乳を交換したりして食べる量を減らして切り抜けていた。六歳の頃は食べるのが遅すぎてどんどん伸びていくラーメンを前に「食べても、食べても減らない」と大泣きをしたことがある。出されたものをノルマに感じてしまうのは、小食あるあるだろうか。

一方、実家での食事はとても気が楽だった。私の食が細く、偏食気味であることをわかっている母は無理に食べさせようとはせず、基本的におかずは大皿でしか出てこない。取り皿に各々が好きな量だけ取って食べるスタイルで、食べられる量だけ取り分けられることが安心だった。少しでも口に運んでいれば母は満足そうで、青椒肉絲(チンジャオロースー)のピーマンとたけのこだけを私が食べ、兄は細切りの豚肉だけを食べていても誰も咎(とが)めることはなかった。

もちろんは母はバランスよく均等に食べ進めることを教えてくれていたと思う。けれどそれを聞かなかったのは私で、食べてくれるならなんでもいいと許してくれたのは母の優しさでもあり、そうでもしないとわがままな私は食べなかったのだろう。しかし、人に指摘されて初めて、親に恥をかかせてしまったかもしれないと感じた。

「ごめんよ、母」と思いながらも、でもやっぱり私は「好きなものを好きなように食べる」の精神を持ち、

「よく言われます」

と、特に気にしないふりをしてその場をやり過ごした。

米は米として、その旨み、甘みを存分に味わわせてくれ。食事の時間を楽しく過ごしたいし、私が三角食べをしなくたって相手に迷惑がかかるわけではない。お願いだからそっとしておいて欲しい。

お膳ではなく、コース料理に心の平穏を感じるのは、ひと皿ひと皿がほどよいボリューム感で提供され、三角食べを気にしなくていいからかもしれない。置かれたお皿を全力で楽しむことができるし、ゆっくり食べる時間は料理を余す所なく楽しむことができてとても心地がよい。

心地よさを感じられる食べ物が他に二つある。おにぎりと、ホットケーキである。

おにぎりは不思議な食べ物で、茶碗によそって食べるよりぎゅっと握って食べる方がパクパク食べることができる。小さい頃から茶碗のご飯は食べ進められないのに、おにぎりだとよく食べると母が言っていた。ふりかけでカラフルにしたキャンディーチーズにも似た見た目のおにぎりを、口へぽいぽい放り込まれると私は喜んで口を動かしていた。そのせいか、いまだにおにぎりは小さく、小さく握るクセがある。仕事現場に持っていくにしても、ひとくちであれば小腹が空いた時に放り込んでお腹がなるのを防ぐことができるし、ころんとした小さなフォルムはおにぎりの赤ちゃんみたいで可愛らしい。

そんなわけで母は偏食な私に手を焼いて、とにかく食べてくれるものを探すのに必死だった。必殺小さいおにぎりの他に、私が目を輝かせたのはホットケーキである。

絵本が大好きだった私は、出かける前にお気に入りの絵本を山積みにし「これを読んでくれないと家から出ません」と座り込みをするような子供だった。その中でも特にお気に入りが『しろくまちゃんのほっとけーき』。

しろくまちゃんがお母さんと一緒にホットケーキを作る可愛らしい絵本である。私はこの絵本を夢中で何度も読み、朝昼晩と関係なく「何が食べたい？」と聞かれるたびに「しろくまちゃんのほっとけーき！」と元気いっぱい答えていた。

絵本の中で、しろくまちゃんは不器用ながらにホットケーキを作っていく。それを真似するように、私も私もと母にせがんでたまごを割ったり、ミックス粉を混ぜさせてもらったりしていた。稀に、兄も一緒に作るとなると「たまごを先に入れないとだめだよ！」と牛乳を一番にボウルに開けようとした彼にピシャリと釘をさしたりもした。

絵本の中には見開きのページで、ホットケーキがだんだんと焼けていく様子が描かれている。ぽたあん、と生地が落ち、ぷつぷつと小さな気泡が浮きでてくる。実際に焼く時、生地の上にぽこぽこと穴が開くのをじっと待つ。その時間、いつも私はしろくまちゃんのことを思い出す。

子供の頃はダイニングテーブルにホットプレートを置いて、母が焼いてくれていた。生地をじっと見つめては「まだダメ、まだだよ」と鍋奉行ならぬ、ホットケーキ奉行をしていた。待ちきれなくなった兄がフライ返しを手に取ると、普段は出さないような大きな声で一喝していた。そうしてじっくり待ってひっくり返すと、綺麗なきつね色のホットケーキに出会えるのだ。

焼くときに引く油はバターと決めている。たっぷりの溶かしバターの海に、生地を少し高いところから垂らす。落ちていく中でモッタリとした生地の中に空気が含まれて、出来上がりがふんわりする気がする。そうしてじっと待って、気泡とにらめっこしてできたホットケーキは、たっぷりのバターが染み込んだ、周りはカリッと、中はふわっとした絶品になる。そこに角切りのバターを載せて、緩やかに丸みを帯びた生地の上を滑り落ちていくのを眺めてから、上からたっぷりのメープルシロップをかければ私の大好きなホットケーキの完成だ。

ホットケーキならいくらでも食べていた私のために、母はにんじんや、ほうれん草を細かくして生地に混ぜ込んでいたらしい。思えばあるときからカラフルなホットケーキが食卓に並ぶようになっていた。オレンジ色をしたホットケーキはいつもと違う甘みがあって好きだったことを覚えている。でも、自分で真似をしてすりおろしたにんじんを入れてみても同じ味にはならない。

大人になって、フライパンでホットケーキを焼きながら、いつか誰かにホットケーキを焼く時がくるのだろうかとふと考える。

幼なじみに出産祝いに何が欲しいかを聞いたら「大きいホットプレートが欲しい」とリクエストをもらった。ホットプレートを囲んで、彼女が自分の子供たちにホットケーキをわいわいと焼く姿がうかび、にっこりと微笑んだ。絵本の中のホットケーキはフライパンで焼いていたけれど、私にとってのホットケーキはやっぱりホットプレートで焼くものなのだ。

プリッツが母の味で、極細ポッキーが私たちの味ならば、しろくまちゃんのホットケーキはなんの味だろう。どれも特別だけれど、人生初めてのこだわりの味かもしれない。できるだけ絵本と同じようにと慎重に作っていたあの頃。焼き目が均一についいたほかほかのホットケーキを誰かと食べるまでがワンセット。

特別に感じる食べ物には必ず思い出がある。誰と食べたとか、どんな時に食べたとか。ポッキーと三角食べの謎は解けないままだが、私はこれからも極細ポッキーを愛し、三角食べはせず、ホットケーキは生地から聞こえる、ぴちぴちぴち、ぷつぷつの音を頼りに、しろくまちゃんと一緒に作るのだ。

魔法とグルメの国

仕事でイギリスへ行くことになった。私が幼い頃から好きな『ハリー・ポッター』の世界に迫るリポートをしてほしいと依頼され、こんな嬉しい仕事はないと二つ返事で引き受けたのだ。

さて、日本から出るのはいつぶりだろうか。記憶を辿れば二〇一八年以来らしい。そうか、ちょうどコロナが流行り出す前だ。今回はそんなイギリス旅行記を綴ってみようと思う。

この旅は非常に楽しいものだった。ハプニングもありながら初めて訪れるイギリスの地をあっちへこっちへ移動し、イギリスを思う存分楽しんだ。

行きはドイツの空港でトランジットがあったので、フランクフルトに立ち寄った。食べ物の名前としてよく聞くフランクフルトであるが、降り立っても大きなフランクフルトが飾ってあることもなく、空港内のレストランのそこかしこで大ジョッキに注がれたドイツビールを楽しむ人が多くみられ、お酒が大好きなカメラマンさんは目を輝かせ、「僕も飲みたいなあ」と喉を鳴らしていた。

現地時間の日付が変わった頃にイギリス・マンチェスターへ着いた私たちは、コーディネーターさんと合流をして宿泊先へと向かった。

翌朝のホテルの朝食はこれぞイングリッシュ・ブレックファースト！と感動する内容で、うま味たっぷりの白インゲン豆のコトコト煮込みに、焼いたマッシュルーム、厚切りのベーコンと、大きなソーセージ、スクランブルエッグは日本と違い、色がとても薄くクリーム色をしていた。ブラウンブレッドにバターを塗って食べれば麦の甘みが口いっぱいに広がる。これぞ、イギリスの朝食だ！とこの時は大変満足していた。

この日のロケは一件だけ。車で二時間かけてノース・ヨークシャーの「ナレスボロの滝」へ向かった。なんでも、「あらゆるものを石化してしまう」不思議な滝だというのだ。

滝は大きな公園の中に突然現れた。想像していた滝は水が滑り落ちるように流れるものだが、ここは緩やかなせせらぎの流れで、無数の紐とその先に様々なものがぶら下がっていて、そこから水がしたたり落ちていた。おもちゃのラッパや子供用の雨ガッパ、長靴、帽子、アヒルの置物などバリエーション豊かである。その中でも一番多いのが小さなテディベアだった。そしてその全てが石化し、流れ落ちる水に濡れていた。

この滝を流れる水にはアルカリのミネラルが多く含まれており、長く水に触れたものはだんだんと石化してしまうらしい。吊るされたものたちだけでなく、滝の周りに生えている植物にも、跳ねた水が付着した部分は硬い石ができていた。

実際に石化したテディベアを触らせてもらったが、思っていた数倍も軽かった。ずっしりとした重みを想像していたために、思わず声が出たほどだ。軽石のような手触りで、よく見れば薄い石の殻に覆われているようだった。

ロケ終わりに近くの「The World's End」というお店で食事をしたのだが（この名前が私はとても気に入った）、頼んだベジタブルスープが直径二十センチはあるボウルになみなみと注がれ、刻んだ野菜がどっさりと放り込まれており、これが海外サイズかとギョッとした。マネージャーさんはソーセージとマッシュポテトを頼んでいたが、じゃがいもを四つは使っているであろうマッシュポテトをクッションにした、特大サイズのソーセージが五本、お皿の上で山を作っていた。カメラマンさんが飲んでいるビールジョッキも特大サイズで、私には両手で持ち上げるのが精一杯なほど重かった。この時点で残りの滞在期間中の自分の胃が心配でしょうがなくなった。

案の定、私の内臓は海外規格に対応できず、しばらくは常に胃薬を飲みながら唸(うな)るように食事をしていた。しかし前評判で聞いていた、「イギリスは食事が美味しくない国」という印象は不思議なことに全くなかった。

前日とは違うホテルに泊まった二日目の朝、このホテルの朝食ビュッフェは一体どんなものがあるのだろうかと、まだ少し重たい胃を抱えて朝食会場へ向かうと初日とほぼ同じラインナップだった。違うのは「ブラックプディング」なるものがあることくらい。それ以外は、豆、マッシュルーム、ベーコン、ソーセージ、卵料理、パン、果物といったラインナップで、私は目を疑った。日本のホテルの朝食では焼き鮭や、味噌汁、白米といった、ザ・日本の朝食というメニューが並んでいても、他にサラダやカレーがあったり、パンの種類も豊富だったりするし、そばやうどんを食べることができるところもある。とにかく種類が豊富なのをウリにしたのが日本。しかしイギリスで種類が豊富なのはミューズリーだけだった。ミューズリーとは、オートミールにドライフルーツやナッツなどを混ぜ合わせたシリアルで、さまざまなメーカーのものや、自分でカスタマイズできるミューズリーが常時十種類はあった。

昨日と代わり映えしないメニューの中で、私は得体の知れない黒々しい物体の「ブラックプディング」をお皿に取った。豚の血と脂身、オートミールなどを固めてソーセージのように丸くしたもので、濃厚なレバーの味がした。コーディネーターさんに聞くと苦手な人もいるそうだが、内臓系の味わいが好きな私はこれが非常に気に入ったのである。しかし、絶賛胃もたれ中だったため、これとパンをふたかじりしただけで朝はギブアップしてしまった。

この日はイギリスの魔女たちが集まるフェスティバルへロケに行った。会場にはローブを羽織り、魔女のトレードマークである先の尖った帽子を被った人もいたが、着飾ることなく普段の装いでいる人たちも多かった。集まった人たちの話を聞くと、「魔女」や「魔法」というのは、私たちが子供の頃から親しんできた『ハリー・ポッター』の世界とは少し違うものだった。杖を使い呪文を唱え何かモノを作ったり、動かしたり、変身させたりするようなものではない。自然や地球と対話し、自分と向き合うべく瞑想をすることでポジティブなマインドを手に入れることや、目的を叶えていくことを「魔法」「魔術」としていた。

願いがあれば、それを叶えるために努力するその原動力、自分を動かす力が魔法であり、だからこそ誰でも魔法使いになれるのだと、一人の魔女が私に話してくれた。

子供の頃から『ハリー・ポッター』の世界に憧れていた私。夏休みになるといつか自分のもとにもホグワーツの入学許可証が届くのではないかと胸を躍らせていた。そうして魔法使いになれないまま大人になった私も、誰だってその心があれば魔法使いになれると知ることができて感激した。話を聞かせてくれた魔女は、私の手を取りながら「あなたはここに来るべくしてきたのよ」と言って微笑んでくれた。来るべきだったという彼女の言葉を本当に理解したのは、その翌日だった。

フェスティバル二日目に、私は「ジプシーの魔女」に出会った。番組の撮影に協力をしてくれた彼女は、どうしても私を占わせてほしいと言ってくれ、占いが好きな私はぜひともお願いしたく、彼女の占いのテントを訪ねた。

彼女の生まれたジプシーの一族は、占いや、タロットをし、薬を煎じたりしながら、イギリス中を旅して回っているそうで、本来は一族の外へ出ることはないらしい。けれど彼女は自分たちの文化をもっと広く知ってもらうべきだと考え、こうしてフェスティバルへやってきたのだと話してくれたのだが、不思議なことにこれらの言葉を通訳さんに助けてもらうことなく、英語が全くできない私が理解をすることができたのだ。彼女の話す言葉が、私の胸の中に描き刻まれるように浮かんでくる。

蠟燭を掴み、その先の炎に意識を集中させるように言われる。私はじっとゆらめく炎を見つめた。すると握った両手がどくんどくんと大きく脈打ち、熱を持ち始める。蠟燭を持っていればそりゃそうだろうと言いたくなるかもしれないが、私が手にしている蠟燭は大きな燭台に立てるような三十センチはあるしろものなのだ。あれは炎による熱さではなく、確かに自分の内側が燃えている熱だった。炎のゆらめきに合わせて手が脈打ち、一体になっていた。その間、彼女は小さな声でまじないを唱えていた。目の前がふわっと黄色に染まった瞬間、炎が大きく燃え上がり、先ほどまでずっと体に留まっていた熱がゆらめく炎の先から煙のように抜けていく感覚がした。手のひらが脈打つ感覚も収まり、彼女は「これが浄化」と言っていた。

目の前が黄色になったのは、どうやらターメリックのような粉を撒いたかららしい。

「旅をたくさんしてきて、これからも多くの旅をしていくでしょう。あなたは人のエネルギーを受けやすく、それを背負ってしまう優しい人。一人で頑張らず、もっと人に頼っていいんだよ」と話す彼女の言葉も、すんなりと自分の中に入ってくる感覚は体験したことのない不思議だった。心と心が通じ合い対話をするというのはこういうことなのだろうか。

さらに不思議だったのは、彼女と私はほとんど言葉を交わしていなかったということだ。英語ができない私は、彼女の言葉が理解できても自分の思いを伝えることはできない。撮影の協力で出会い、そのまま占ってもらうことになったので、彼女とのコミュニケーションはほぼゼロに等しかった。

帰り際、彼女は「これをお守りにして肌身離さず持っていなさい」と、黒くて丸い石をくれた。その言葉を守り、旅行中は必ずポケットの中に石を忍ばせておくようにした。

撮影が終わってからマネージャーさんも「さっきの占いすごいですね。玲奈さんのこと知らないはずなのに、驚くほど当たっていた」と言っていた。占いをされている間、涙がぼろぼろと溢れそうだったのは、自分の中に閉じ込めていた部分を言い当てられ、心が大きく揺れうごいたからだろうか。イギリスで経験した特別な思い出のひとつである。

この日の夜、フェスティバル会場内で初めてはちみつ酒を頂いた。『ハリー・ポッター』の中にも登場し、小説を読んでいた子供の頃はどんな味なのか想像することしかできなかった。初めて口にしたはちみつ酒はエルダーフラワーのフレーバーで、ガツンとした癖のあるはちみつの味がすると思いきや、梅酒に似た味わいだった。一口でも喉が焼けそうなほどアルコール度数が高く、豊かな甘みが舌の上に広がった途端に顔がボッと熱されたように熱くなった。

数日間イギリスで過ごしてよくわかったのは、どこに行っても朝食のメニューはほとんど同じものしかないこと。あれこれ食べるより、たくさんのミューズリーを組み合わせたり、オートミールを食べる方が胃腸に負担がなく、よく合っていることもわかってきた。もうひとつ、食事は想像の二倍のサイズでくると想定しておくことも大切だ。

イギリスといえばのフィッシュ&チップスも、お皿から飛び出すほど大きな揚げたタラに、大量のじゃがいもがこれでもかと添えられていた。じゃがいもはフレンチフライだけ、マッシュポテトだけ、さらに両方大盤振る舞いの時もある。これがなかなかスリリング。日本人が白米をたくさん食べるように、イギリスの人たちはじゃがいももたくさん食べる。周りのテーブルを見渡し、この店の付け合わせはどのパターンのじゃがいもかを確認する癖もいつの間にかついた。しかし、「ここはマッシュか！それなら」と思い頼んだプレートに、フレンチフライがメイン料理を覆い隠すほど盛られていた時は頭を抱えそうになった。おそらくこの旅の間に数年分のじゃがいもを摂取したに違いない。しばらくはじゃがいもを食べたくないし、見たくもないと思ったほどである。

ちなみに、美味しくないと言われているフィッシュ＆チップスだが、とんでもなく美味しかった。揚げたタラは日本の天ぷらに近い軽い衣で、サクサクと食感もよく身もほろっとして食べやすかった。コーディネーターさん曰く、「最低15ユーロ出せば、テーブルサービスで美味しい食事が食べられる」と教えてくれた。確かに旅の間に食べた、フィッシュ＆チップスも、インドカレーも、ベトナムフォーも、ラムステーキも全て美味しく満足のいく味だった（量はとんでもなく多いけど）。そしてその全ては確かに15ユーロを超えていた。円安の今現在の値段で考えるとワンプレート約二四〇〇円を超える食事はなかなか贅沢であり、美味しい料理が出てくるのも納得である。

そんなわけで、イギリス滞在中、朝はオートミール、昼夜どちらかしっかり食べたら、片方はフルーツで済ませるという生活を送ることで、自分の胃腸が随分と元気を取り戻してきてくれた。

ある日はスコットランド・エジンバラへロケに向かった。エジンバラは、『ハリー・ポッター』の作者J・K・ローリングが作品を生み出した街であり、主人公ハリーたちの学校であるホグワーツ城のモデルになったエジンバラ城がある。

エジンバラは石造りの建物が多く、壁面の削れや色合いに歴史の長さを感じ、脇に抜ける小道も高低差がある。長い階段を上った小道を抜けた先に広がった街並みは、教会や、大学が立ち並び、バグパイプの音が風に流され聞こえてくる。

エジンバラ城は崖の上にそびえるお城だった。公園から城を眺めていたが、昔はあたり一帯が水に覆われ「黒の水域」と呼ばれていたそうだ。思えばホグワーツ城の周りにも湖が広がっていて、当時の姿に思いを馳せながら自然と映画の景色を重ねてしまう。

夜は、コーディネーターさんおすすめの火鍋屋さんで食事をした。スコットランドで火鍋を食べるなんて思ってもいなかったと全員が思ったが、中国系の方が経営している本格的なお店で非常に美味しかった。肉も海鮮も食べ放題。ディレクターさんは中国語が堪能で、あっという間にお店の人たちと仲良くなり、「美味しい」「最高」と伝え続けていたら「これ食べていきな！」と最後にロールアイスをサービスしてもらえた。店内で流れているテレビも中国のドラマで、真っ黄色に塗られた壁と、赤く煮え立つ鍋のコントラストがなんとも異国情緒溢れる景色だった。

そしてスコットランドで私は運命の出会いを果たす。それは「ハギス」との出会いだ。ハギスとは羊の内臓をミンチにした食べ物で、私が最初に食べたものはボール状になってフライにされていた。濃厚なレバーの味わいに羊肉のクセが合わさって、「臭い！　うまい！」と唸りながらぱくぱく食べた。

ランチをした場所にもハギスの文字を見つけると、嬉々として注文をする。こちらのハギスもフライされており、全長十五センチはあるハギスが二つ。その隣にはそれより遥かに多いマッシュポテトがドカンと添えられていた。

クセのある味が非常に好きな私は、普段から好んで羊肉を食べる。好きな肉は何かと聞かれれば迷わず羊と答えるだろう。ハギスを好きにならないわけがない。あっという間にハギスの虜になり、マネージャーさんと仲良く食べた。

帰国してからもあの濃厚な羊のレバーの味わいが忘れられず、食べられるところを探すのだが、多くはなさそうだった。まだ思い出の味わいに浸っているままだが、日本でもぜひハギスを食べたいし、もっとポピュラーな料理にならないものかと願っている。

最終日の夜、好きなものに貪欲な私は、イギリスで食べることのできる最後のハギスを厳かに食し、デザートにトリークルタルトをたいらげた。トリークルタルトは糖蜜パイとも呼ばれ、ハリーの好物として小説に登場する。本場で食べることに憧れていた私は「トリークルタルト」の文字を見つけて意気揚々と注文をした。

日本で食べた時は、歯にくっつくフィリングと、頭が痛くなるほど衝撃的な甘さに驚いたが、本場のタルトはもったりとしたキャラメルヌガーの味わいで、冷たいバニラアイスが加わるとすっきりした口当たりになり、あっという間に食べてしまった。

食べながらこのタルトとハリーについて考えを巡らせた。伯父伯母に虐げられながら育ったハリーは、ホグワーツに入学するまでは甘いものを滅多に食べられる環境ではなかったのだろう。そんな彼にとってトリークルタルトは最高の糖分であり、甘美な味わいだったのかもしれない。

約十日間の滞在だったが、コーディネーターさんのグルメセンスのおかげで一度も

「日本食が恋しい！」となることなく、むしろ「イギリスは食事が美味しい国」という印象で帰国した。

帰国してすぐ、とりあえず親子丼を食べたが、白米を咀嚼しながら口の中で滑らかに喉の奥へ滑り落ちていくマッシュポテトを恋しく思った。

猫かぶり

年々知らない言葉や、感覚が増えていくようになった。いわゆる若者言葉や、流行りに鈍くなってきている気がしてならない。

「MBTIはなんですか?」

共演した女の子に突然聞かれ、はて? いったいなんの事かと頭をひねるが、思い当たる言葉がない。身長と体重から肥満度を割り出すBMIなら知っているが、他人の肥満度なんぞに興味はないだろうし、そんなパーソナルなことを聞くわけはないかと思い、

「それはいったいなんのこと?」

と恥を捨て聞き返すと、案の定、驚きの表情が返ってきた。ああ、私も10代、20代の初めの頃は、流行りを知らない大人に対して目を見開き、少し首を前に出して驚い

てみせるこの表情をしていたなあと、懐かしくなった。そうか、もう自分は驚かれる側になったのか。いつまでも若者の気持ちで生きていてはいけないと、そっと自省した。

ＭＢＴＩとはいくつもの質問に答えていくことによって、性格を16タイプに当てはめる性格心理検査だそうだ。この診断をすることにより、自己認識力を上げ、他人との関係をより良好にする助けになるらしい。

元々はアメリカで開発された性格検査のようだが、今は韓国で広く浸透しており、合コンなどで相手に「ＭＢＴＩはなにか」と質問したり、ＭＢＴＩのタイプでマッチングするアプリも流行しているそうだ。その流れが日本にもやってきて、若い人たちの間で流行っているというのだ。

大雑把に言えば血液型診断みたいなものかと尋ねると、そんなざっくりしたものではない！　とにかくやりましょうとスマホからできる診断ページを渡され、逃げるすべが無くなった。ちょっと面倒くさいけれど、これも共演者とのコミュニケーションだと自分に言い聞かせ、私は質問に取り組むことにした（ただし、その後、判明したのだが、若い人たちに流行っているネットで無料でできるものはＭＢＴＩとは全く別物であるようだ。これから書く性格に関してもあくまでＭＢＴＩとは別の、性格テストの結果として受けとってもらえればと思う）。

・定期的に新しい友達を作る
・大きなプレッシャーがあっても通常、冷静でいられる
・会う人に好印象を残すかどうかは、ほとんど気にしない

などの質問に対する答えが、同意する〜同意しない、の七段階で表示されており、自分の当てはまるところを一問ずつ選んでいくのだが、この質問数が想像以上に多い。答えても答えても終わらずに、もうギブアップだと音をあげようとするも、隣では目をキラキラと輝かせながら結果を知りたがっている若者が待っている。

やめるにやめられず、結局十五分ほどかけて全ての質問に答えたのである。まずこの質問を多いと感じるかどうかにも、性格診断における重要ポイントが隠されていそうだ。

結果は提唱者型。

この性格は洞察力に優れ、他人の感情の変化に敏感。自分の価値観をしっかりと持ち、判断力が高いタイプのようだ。著名人ではマザー・テレサと同じタイプらしい。確実性があるわけではないが、なんだか慈愛ある人だと褒められているようで気分がいい。

周りとなかなか馴染めないという悩みを持つことが多いタイプでもあり、人付き合いは狭く深いのが特徴だそう。

確かにそうかもしれない。友人は多くないし、その数少ない親交のある人たちとの付き合いはどれも長い。広く交友関係を持っている人を見ると、あのように誰とでも仲良くなれたら世界が広がるんだろうなと憧れを感じることもあるが、いざ自分がその立場になると考えるだけで疲れてしまう。

会話が上手い人たちは、気持ちよく相手の言葉をキャッチし、新たな会話の糸口を見つけてボールを投げ返している。自分にたりない部分を補うためにも話の上手い人をよく観察したり、人とスムーズに話す秘訣が書かれた新書を読み、自分なりに研究をしたうえで共演者との会話に臨んでみた。

「休みの日は何をしてるんですか？」

意をけっして聞くと、

「キャンプに行くのが好き」

と返ってきた。私にはキャンプの知識もなければ、経験もないので、自分から聞いておいたにもかかわらず「へえ」という、何も生まれることのない、最悪の返事をしてしまった。そこから広がることのない会話。用意していたはずの言葉の手持ち札は虚(むな)しく灰になり、私はなすすべも、返す言葉もなくなった。戦ってもいないのに矢吹丈くらい真っ白になり、自分のつま先をじっと見つめながらうなだれることしかできなかった。その様子に相手も明らかに困惑し、どんよりした空気が控え室に流れてしまった。


　このような失敗は、家に帰ったあとや、数日後、道を歩いているときに後悔の雷になって頭に降り注ぐ。封印していた失敗を光の速さで思い出し、その場に頭を抱えてうずくまるほど落ち込む。成人女性が突然道にうずくまるものだから、道ゆく人にジロジロとみられているが、こちらはそんな視線を気にしている余裕はない。雷に打たれたなんて大袈裟(おおげさ)に思われるかもしれないが、嘘偽りなく脳天から足のつま先まで体がビリビリと痺(しび)れ、立つことを放棄したくなるのだ。そして、自身の存在価値を疑うほどに落ち込む。

どうしてうまく返せなかったのかと、自分を責めながら最適な返事をシミュレーションするが、時すでに遅し。もう一度同じ会話をすることもないし、なんとなくその共演者との間には溝ができたままなのである。

あまり深い関係でない人とする会話の限界は、いつまでたっても天気の話止まりだ。困ったときは天気の話をしなさいと教えてくれた母には度々感謝をしている。

なんとなく話すことがないと空気が重たくて息苦しい。そんなとき、挨拶の後すぐに「今日は良い天気ですね」とか「今日は午後から雨になるらしいですよ」「来週から寒くなるんですって」と話すと、向こうもなんの警戒もなく天気の話題に乗ってきてくれる。そもそも会話に警戒をすることなど滅多にないが、私は人と話すときに構える癖があるので相手もそうなのではと考えてしまうのだ。

幼なじみに人とうまく会話ができないと相談すると、それって相手に興味がないからでしょと言われた。言葉の意味がわからず、困惑の文字を頭の中でぐるぐると走り回らせていると、

「昔から興味のない話題には無理に入ってこないし、ずっとそうだよ。好きなものが

合う人とはたくさん話せるじゃん。話せないときは、単純にその話題に興味がないってことだよ」

「それってめちゃくちゃ性格悪いじゃん」

と落ち込むと、彼女はゲラゲラ笑いながら、確かに、と言っていた。

顔が熱くなって、いたたまれなくなった。けれど彼女の言うことは本当である。興味が湧かないから聞きたいことも浮かんでこず、相手との会話が弾まないのだ。だからこそ、誰とでもテンポよく会話ができたり、聞きたいことを見つけ相手の話をうまく引き出せる人の才能を羨ましく感じてしまう。

相手に興味を持ちにくい、そんな私が交友関係を広く持とうなど夢のまた夢。自分の性根を叩き直してから出直せと、己に活を入れたくなる。

それでも、大人として仕事をする人たちとコミュニケーションをとることの重要さは知っている。会話をすることが嫌なのではない。本当は興味を持ちたい。けれど、どうやって興味を持てば良いのかがわからないのだ。相手の話に前のめりになれない自分が嫌になる。話す度に反省をし、自分の心を動かせる会話の糸口はどこだと血眼になって探している。そういう部分が、根本的に人と付き合うことに向いていない。

他の現場でも十代の子は決まって「ＭＢＴＩはなんですか？」と尋ねてくる。今の若い子たちにとって、自分がどのタイプかが名刺のようになっているのだろう。

私が子供の頃は動物占いがそれにあたるポジションだった。

動物占いはひつじとか黒ひょうとか、たぬきみたいに、動物から性格がイメージしやすいところがいい。状況対応型、目標志向型と性格の性質が分かれているので、やっぱり同じようなものだと思うのだが、若い子には、

「動物占いってなんですか？」

と聞かれたのでひとまず笑顔でやり過ごしておいた。ちなみに私は、いい人に見られたい傾向があるひつじだ。干支もひつじで、動物占いもひつじなので勝手にひつじに縁と愛着を感じている。

子供の頃はモーニング娘。のメンバーの顔と名前も当たり前のように全員一致していたし、テレビに出ている人の名前もスッと覚えることができた。一方、両親や祖母は、

「全員おんなじ顔に見えちゃって、見分けがつかない」

と言っていた。

当時の私は、こんなに顔も髪型もなにもかもが違うのになぜわからないのか理解に苦しんでいたが、今ならわかる。過去の記憶力が嘘のように、人の顔と名前が一致しなくなってきたのだ。

次々現れる大人数のアイドルグループのメンバーの顔が覚えられなくなってきて、あのときの大人たちと同じように誰が誰だか見分けがつかないのだ。けっしてご本人たちが悪いわけではない。ひとりひとり素敵なヘアメイクで歌って踊っているし、身長だってそれぞれに違う。なのに認識ができないのは完全にこちらの問題である。興味とは別に、何かを判別しインプットする部分が、垂直気味に急降下、確実に衰えていっている。

昔の話をしていてもスッと人の名前が出てこなくなって、

「あの人ー、あのーえっと、あの作品で一緒だった……」

とついに自分の出演していた作品のタイトルすらすんなり口から出なくなってきている。まだ頭文字などちょっとしたヒントで記憶の扉がドカンと開き、蓋をされていた思い出が一気に溢れ出してくるが、その最初の一歩の足取りが年々重たくなっている。

これは死活問題である。そのうちセリフも覚えられなくなるし、共演している人の名前すら出てこなくなるのではと今からとても不安に感じている。

先輩俳優の皆さんも年々セリフ覚えが悪くなってきて大変だと話していた。昔は読めばパッと覚えられたものも、今までの何倍も時間をかけて覚えたり、書き取りをしながら覚えるようになったと言っている。胸に小さなカンニングペーパーをお守りのように入れ、「秘密ね」とくちびるの前に人差し指をあて、はにかんでみせる女優さんもいた。

自分の記憶力の衰えに焦りを感じている私だが、不思議なことに何をどこで、誰と食べ、どんな盛り付けで、味はどうだった、というそのときの詳しい情報などは鮮明に覚えているのである。これは私に関する七不思議のひとつだ（他の六つは秘密にしておくが、そもそも不思議などないかもしれない……）。

先日も友人と食事に行ったとき、

「これ前と違うお料理だね」

と友人は言うのだが、前と全く同じであり、前回彼女は、そのパイ包みの料理をお肉料理だと言っていたが、本当は魚料理だったことまで覚えていたので説明をすると、

「よく覚えているねえ」

となぜか感心された。そのとき撮っていた写真を見返すと、そっくりそのまま同じ盛り付けで、彼女は、

「初めて食べたみたいに美味しくて感動したんだよ」

とニコニコ笑っていた。

出されたパンも四角いブレッド、丸いハードパン、一口サイズのクロワッサンと前回と同じだったが、彼女は、

「これも前と違う気がするよ」

と言うので、全部数ヶ月前と同じで、あなたはクロワッサンが一番美味しいって言って二つおかわりしていたよと伝えると、

「どうしてそんなに覚えてるの？」

と言われた。私もクロワッサンが美味しくて、ひとつおかわりをもらったのでよく覚えている。

これに関しては食事に関する私の記憶力がいいのか、彼女がふんわりとしているからなのか判断が難しいが、こういうことが多い。いつ、どこで、誰と食べて、どんな

盛り付けで、味付けはどうだったか。それだけは瞬時に浮かんでくるのは、私が美味しい食べ物に強く興味があるからだろうか。

この食事の席でもＭＢＴＩが話題に上った。話を切り出したのは一番若い友人で、自分のタイプをそれぞれに診断することになり、私は前回の結果を伝えると、それは違うのではという話になった。

確かに納得できる部分はあったが、当てはまるところが多いかと言われれば疑問はある。

仕事であれば頑張るが、興味のないことに心が動かないが故に協調性は高い方ではないし、心配りをするのも本当は得意ではない。診断結果にあるような、人に優しくできるという部分は、私に当てはめると見せかけの優しさなのである。本当は自分のペースで物事を進めたいし、人に尽くすのが好きなわけではなく、自分の大切にしたいと思える人に尽くすのが好きなのだ。

そこでもう一度診断をやり直そうという話になった。自己申告型の診断なので本来は自分ひとりで考え、質問に答えなければいけないが、そこにいる友人たちに質問の返答に対する私の判断が合っているかどうか、客観的な意見を採り入れながら答えることにした。すると結果が変わったのである。

二度目の診断は論理学者型。

・他人に興味がない

そうです。

・興味のないことはとことん興味がない

そうです。

・オタク気質なところあり

ですね。

・ひとり行動が好き

もちろん。

・ひとりの時間がないと息が詰まります

ないと無理。

そこにいる全員が笑ってしまうくらい私に当てはまりすぎていて、ぐうの音も出なかった。

本当の私は、自分の時間とやりたいことを第一優先にしたいわがままモンスターなのである。それが社会に出て本音と建前の精神を学び、建前は提唱者型に擬態をして生活をしているが、それは猫をかぶっているだけ。本性は論理学者型である。

診断の後に同じタイプの著名人や、アニメキャラクターなどが書かれていて（キャラクターなんてどう調べているのだろうか）、なんと『ポケットモンスター』のオーキド博士も同じ結果だった。言われてみれば、彼はポケモンにしか興味がなさそうだ。ゲームをしていても、何か助けてくれることもなく淡々とポケモンに関することだけ情報を伝えてきて、最終的には当たり前だろと言わんばかりに「そりゃあそうだ」と言い放つ、それがオーキド博士だ。『鬼滅の刃』の鬼舞辻無惨と、『新世紀エヴァンゲリオン』の碇ゲンドウとも同じタイプだった。確かにふたりとも他人に興味がなさそうだし、自分の目的のために走っていく人だよねとその場の全員が笑いながら納得をし、自分も結構非情な人間なのだなと改めて自覚した。

捻くれた私だが、診断結果によると周りにいる友人たちは相性のいいタイプで「だから私たちこんなに気が合うのね」と妙に納得し、ハイタッチをした。

人に興味がなくてオタク気質というとちょっとマイナスに聞こえるけど、人より自分の好きなことに真っ直ぐで、のめり込みやすい性格なのだ。好きになったものには一直線、とことん追求したいし、追いかけたい。

私は限定された物事にしか興味が持てないけれど、だからこそ生まれた私らしさがある。欠点も、見方を変えれば長所になりえるはずだ。

しかし、ネットによる性格診断テストは不確かである。全てをそのまま受け取るのではなく、天気の話題のようにコミュニケーションツールのひとつとして楽しむくらいがいいのかもしれない。

趣味の収穫どき

今日は何をしようかと考える時、これを見たいだとか、これをしたいだとか、そういう自分の時間があることを、人生の中の豊かな時間だと捉えている。

二〇二三年は多くの新しいものに出会い、夢中になることができた。でも私はいつも少し流行遅れなのだ。

世の中が熱狂している出来事に対し、素直に面白さを受け入れることができず、

「ああ、流行りのあれね」

とちょっと斜に構えて見ていることが多い。

昨日まで全くスポーツに興味を持っていなかった人が、突然日本代表戦だ！と意気込んで、サッカーやラグビー、野球を応援し始める。多くの人が同じ方向を向き、熱狂している姿に幼い頃から恐怖を覚えていた。

忘れもしない、日韓ワールドカップ。あの時、日本代表はかなり成績が良かったのではないだろうか。キックオフの時間に合わせて、私を除く家族全員がテレビの前に集まり、前のめりで画面を食い入るように見つめていた。日常とは全く違う家族の背中。なんならちょっと殺気だっている背中。知らない人を見ているようでとても怖かった。

選手がゴールを決めようものなら雄叫(おたけ)びをあげて喜ぶ家族。試合に無関心だった私は、突然湧き上がる大歓声に体が飛び上がるほど驚いていた。何より怖かったのは、その歓声が我が家だけでなく、近所中から一斉に聞こえていたこと。こだまのように町中がわんわんと鳴り響き、頭がクラクラして、ひとりぼっちで心細かった。突然鳴る大きな音や、大声がとても苦手なのだが、原因はおそらくここからきていると考えている。

けれど、サッカーやスポーツが悪いとは思わない。いや、悪いとは思わなくなった。悪かったのは、興味を持たない、知識のない自分なのだと知った。

きっかけは偶然見たプレミアリーグのドキュメンタリーだった。アーセナルというイングランドにある有名チームの監督、ミケル・アルテタのスピーチがあまりにも素晴らしく、ワードチョイスのセンスにあっという間に画面に釘付けになった。

　試合の内容が良ければ誰よりもフィールドで喜び、大敗をすれば炎がついたように怒る。けれど怒りの火種は負けたからではなく、酷い試合内容で自分達が情けなくないのか、もっとできるだろう、なぜ諦めたんだと、選手達に熱く問いかける。

　試合前には、アルテタが奥さんといかにして結ばれたかを話しながら、「正攻法で真っ直ぐいくのが必ずしも正解ではない。時には回り道も必要だ」と選手たちに説く。毎回の魅力的なスピーチを聞きたくて、あっという間にドキュメンタリーの全ての回を観た。アーセナルの中には日本代表の冨安健洋（とみやすたけひろ）選手がいて、私が初めて「がんばれ！」と応援する日本代表選手になった。

　同時期に『ブルー・ロック』というサッカーアニメを観たことにより、サッカーの知識が人並みについた私は、一生見ることはないと思っていたワールドカップをキックオフ前にテレビの前にスタンバイして観戦した。まさか自分がサッカー観戦で一喜一憂することになるとは信じられなかった。

　流行の渦中にいる人のことを昔から格好悪いと思うことにしていた。流行っているから流されているんだと捻くれた目で見ていた。世間の盛り上がりを素直に認めることができない自分を見て見ぬふりをして、周りと違う自分を認めることで意味のない自信を付けて自分を守っている。私にはまだその部分が多くある。そんな自分が恥ずかしく、とてつもなく格好悪いと知りながらも、そんな簡単に全ての認識、意識は変えられない。

ただ、知る、ということがいかに大事かを学んだのだ。ルールもわからないサッカーを見た幼い私は、ボールを蹴っている人を見て大人達が熱狂し、歓声をあげ、渋谷の街で知らない人たちと肩を組み、酒を飲み、喜び暴れることを怖いと思っていた。ルールがわかり、日本人選手たちが世界で活躍していることを知った今は、彼らの晴れ舞台が輝かしいものになるようにと応援している。私がテレビの前で応援したところで何も変わらないけれど、がんばれ！と祈ることで何かが変わるような気持ちを理解できるようになった。

今ではアーセナルのゆるいサポーターをしている。

私には知らないが故に遠ざけてしまっているものが多くある。本当にもったいないと感じるが、固く結ばれた認識の偏りを解いていくには時間がかかる。

マーベルコミックのヒーローたちが集結する映画『アベンジャーズ』を初めて観た

時、それぞれのヒーローのことを知らない私は、

「観る側全員が登場人物が何者たるかを知ってる前提で話を進めるなこの野郎！」

と自宅で悪態をつきながら、途中で観るのをやめてしまった。

いろんな登場人物が意見の違いでぶつかり合い、人の名前、関係性を理解するだけでも一杯一杯なのに、空から降ってきた男たち（多分兄弟）が話の流れとは関係なく喧嘩し始めたところで集中の糸がプツンと切れてしまったのだ。

それ以来、「マーベルは私には合わないです。シリーズもたくさんあって何から観たらいいかもわからないので、今後足を踏み入れることはありません」

と声高らかに語っていたのだが、事態が急変した。

仲良くしているご夫婦がコロナ禍にマーベルシリーズを全て鑑賞し、大のマーベルファンになっていたのだ。

「絶対ハマると思うから観てみて！」

と、会う度に豪語されるので、マーベルに苦手意識の強かった私は座っている座席を後ろに引いて、どうしたらこの話題から逃れられるだろうかと考えていた。こういったシーンは日常でよく見られる。自分の好きなものを他者に勧めるときにありがち

な「絶対にハマるから」「騙されたと思って観て」と言った売り文句の類である。意地の悪さが心に巣くっている時は「騙されるかもしれないなら観たくない」と思ってしまうのである。捻くれ者で本当に困る。

新しい作品に触れるときは想像以上の体力が必要になる。心も身体も健やかな時でなければ新しい水を体に取り込む力が無い。と言いながらも、私も人に何かを勧めるとき、これらの言葉を発してしまうことがあるのを思い出し、今深く反省している。

大好きなご夫婦がこんなに面白いと言っているならと、少しずつ興味を持とうと心が動き始めた。

海外のディズニーパークにはマーベル作品を扱ったアトラクションや、エリアがいくつもある。世界的に人気なのだからファンの数もそれだけ多い。自分が気がつけていない、多くの人が夢中になる要素が必ずあるはずだ。それにマーベルを好きになれたら世界のディズニーパークをより楽しめるし、世界がもっと広がる気もする。

重い腰をあげ、観るぞ！と意気込んだが、作品数がとても多いシリーズであるが故にどこから手をつけていいのかわからない。インターネットで調べると、物語の時系列順に観るべき派と、公開順に観るべき派が火花を散らしていた。まるで『スター・

ウォーズ』をエピソード4から観るべきか、エピソード1から観るべきかで討論している人たちにも似た、シリーズへの強い愛とこだわりを感じた。

せっかくなら時系列順に観た方がストーリーラインを理解しやすいだろうと思い、一旦、時系列派に身を置くことにし、物語の始まりである『キャプテン・アメリカ』を鑑賞した。

結論から言えば、非常に面白かった。力は無いが誰よりも道徳的で正義感のある男が、スーパーパワーを手に入れてアメリカを、世界を守るべく戦う。力に溺れるわけではなく、手にした力をどう使うべきかを理解しているスティーブ・ロジャースという男性はとても魅力的だった。

「『キャプテン・アメリカ』観たよ！　面白かった！　キャップのファンになっちゃったよ」

と件(くだん)のご夫婦に話すと、

「どうして時系列順に観ちゃったの！！？？」

と愕然(がくぜん)とされ、瞬時に二人は公開順に観るべき派に身を置く人々だったのかと理解した。一番身近にいるマーベルファンに何から観るべきかを教えてもらうべきだった

と反省をし、どの順番に追うべきかと問うと、

「公開順で観ると伏線回収がしっかりされて、驚きがたくさんあるの。その驚きがマーベルの面白さの一つだから、ぜひ公開順で観て欲しい」

と改めて熱弁されたので、ひらりと華麗に公開順に観るべき派へと鞍替えをした。

『アイアンマン』『インクレディブル・ハルク』『アイアンマン2』『マイティー・ソー』

と、ここまでを一日一本のペースで鑑賞した。どの作品も非常にストーリーが面白く、それぞれの正義を以て戦い、人々を守っていた。

アメコミのヒーローと言えば地球外生命体と戦ったり、自分がヒーローであることを隠すイメージがあったけれど、キャプテン・アメリカもアイアンマンも、ソーも「あの有名なヒーローです」と世間に知れ渡っているところが意外だった（ハルクはどちらかと言えば隠れ気味）。

そしてやってきた『アベンジャーズ』。私が「ふざけるなー！」とテレビに向かって啖呵を切って視聴をやめた『アベンジャーズ』。正直ここがマーベルを好きになれるかどうかの分かれ道だと思っていた。ここを乗り越えることができれば、私はマー

ベルを好きになるだろう。しかし、そうでなければ……。

ここに至るまでの作品を全て履修し、万全の状態で鑑賞に臨んだ。

『アベンジャーズ』はひっくり返るほど面白かった。

視聴中も、観終えた後も、興奮で体がふわふわしていた。なぜこれまで観てこなかったのか、なぜこんなにも面白い作品を映画館で観なかったのかと後悔と悔しさに襲われた。

『アベンジャーズ』は言わばオールスターである。野球やサッカーなどのスポーツが好きな人ならこの感覚がよくわかるのではないだろうか。普段は別々のチームにいる選手達が日本代表とか、オールスター戦という名の下で一堂に会し、共に戦うのだ。

出てくるキャラの全てが主役級の面子（メンツ）であり、交わることはないと思っていたヒーロー達が、向かってくる試練に共に立ち向かうのだ！　ヒーローが出てくる度に喜んだり、唸ったりと大忙しだった。

私が視聴をやめることになったきっかけのシーンも、登場人物の関係性をよく知っていればとても面白いシーンであり、当時の自分を振り返りながら知ることの重要性を強く感じる戒めとなった。

現在進行形でマーベル作品を追い続けている私は、友人夫婦が語ってくれたように、「マーベルは面白い！　観た方がいい！」と思っている。

作品ごとの繋がり、キャラクターの関係性が物語が進むごとに交わり、広がっていく。何度「あそことここが繋がっていたなんて！」と驚いたことか。それを踏まえると、友人が言っていた公開順に観ると驚きがたくさん待っているという意見に大きく頷く。時系列順に観ていたら、話の理解は早くても作品の旨みを存分には味わえなかったかもしれない。驚きながら過去作品を振り返り、物語の関連性をより理解することもまた楽しい。

実際、時系列順にと観始めた『キャプテン・アメリカ』では『アベンジャーズ』に繋がる大きな仕掛けがされており、それを知った状態の私は『アベンジャーズ』までたどり着いた時、最初に手をつけるべきではなかったと悔やむことになった。なのでこれからマーベルに参戦する方は、ぜひ公開順に観るべき派に身を置いて欲しいと勝手に願っている。

友人夫婦には世界を広げてくれたことに感謝をしている。まだまだ続いていくマーベルの世界を追いかけることが、人生の楽しみの一つになった。日に一回は「マーベルを好きになってよかったなあ。まだこんなに観るものがあるし、毎日がこんなにワクワクするなんて幸せだなあ」と思っている。単純だ。

しかし、「マーベルを最近好きになったんです」と人に言うことを躊躇（ちゅうちょ）する自分がいた。『アイアンマン』から始まったマーベルのＭＣＵシリーズは今年で十六年になる。なんと私の芸歴と同じで、長い月日の中で多くの人を魅了し、楽しませてきているが、「今更ハマったなんて」と言われやしないかとビクビクしていたのだ。

それを不安に感じていたが、友人に恐る恐る「今更だけどマーベルにハマったの」と打ち明けると、カラッとした笑顔で、

「今更とかないよ」

と言ってのけた。想像していた反応と違い戸惑っていると、彼女は飲んでいたホットティーをスプーンでかき混ぜて、

「何かを好きになることに早いも遅いもないんだよ。いつだって好きになっていいと思う。好きになった時があなたのベストタイミング」

今が私にとってのベストタイミング。そうかもしれない。私にとっては確かに今がベストタイミングだった。果物に収穫どきがあるように、趣味にもきっと収穫するべ

き時がある。二の足を踏む時はまだ自分が若いのだ。じっくり時間をかけて熟れるまで待てばいい。

これまで流行り物に思い切って飛び込めないまま世間が加熱している時、「今更好きになっても遅いんだもんな」、と考える瞬間が何度もあった。

六歳のクリスマスプレゼントにもらったピンク色のゲームボーイとたまごっちのゲーム。自分だけのゲームボーイが嬉しくて、付いてきたたまごっちのシールを本体にちりばめるように貼って自分だけの一台を作り上げた。毎日ひとり夢中になってたまごっちをしていると、兄が、

「たまごっちなんてもうブームが終わってるのに楽しいのか」

と言ってきた。私が楽しいと思ってるからいいでしょと反論しながらも、最初に流行った頃のたまご型のたまごっちを熱心に育てている友達や、同じゲームをしている友達は周りにはもう誰もいなかった。それから家族に「ハマるのがいつも流行よりちょっと遅いよね」と言われてきた。だから私はずっと、自分は流行から遅れている子なんだと劣等感みたいなものを常に抱えてきた。

だからか、自然と流行っているものには最初から触れない方がいいという選択をし

続けてきた。形だけの無関心ポーズをとって、本当はみんなの輪に入りたいけど、私なんかが入ってももう遅いんだもんねと諦める。それが私だった。

マーベルを好きになったことも、サッカーに興味を持ったことも、人から見れば今更だと感じていた。でも、今が私にとってのベストなタイミングであり、今までの自分では知ることができなかった素晴らしい世界に向き合うことができている。

そんな私が今、新たにハマっているのは編み物である。長いこと興味はあったけれど、今更編み物を始めたってと、どうにも踏み出すことができなかった。けれど、やりたいと思った時が一番いい時なのだ。編み針を買って、毛糸を抱えて、今は一日の終わりにマーベル作品を観て、余韻に浸りながら針を動かしている。さまざまな編み方を覚えたり、編み図を読めるようになったりと、新しく学べること、できるようになることが楽しくてしょうがない。

人生は短い。限られた中でやりたいことは次から次へと現れる。あれがやりたかったと羨む気持ちは自分を暗い気持ちにさせてしまうから、もう今更とか、流行りなんて気にしない。自分にとっての旬を見極めて身につけていこう。年齢だって関係ない。

未来を仮想するならば、もしも、は明るく前向きな方がいい。まだ見ぬ景色に触れる時、私は飛び上がるほど興奮するはずだ。一歩踏み出してよかった、諦めなくてよかった、だってこんな素晴らしい景色に出会えたんだものと。

新しい趣味よ、ありがとう。君たちのおかげで私は楽しく、今、前向きに生きていられる。

初出

「小説トリッパー」二〇二一年秋季号～二〇二三年冬季号連載

「私のもしも図鑑」を改題し、加筆修正を加えました。

「呼吸の置き方、学び方」「クリストファー・ロビンに従って」

「魔法とグルメの国」「趣味の収穫どき」は書き下ろしです。

松井玲奈（まつい・れな）
一九九一年生まれ、愛知県出身。俳優、作家。舞台、テレビドラマ、映画など幅広く活動する。著書に小説『カモフラージュ』『累々』、エッセイ『ひみつのたべもの』がある。

Special thanks　加藤壽子

私（わたし）だけの水槽（すいそう）

2024年４月30日　第１刷発行

著　　者　松井玲奈
発 行 者　宇都宮健太朗
発 行 所　朝日新聞出版
〒104-8011　東京都中央区築地５－３－２
電話　03-5541-8832（編集）
03-5540-7793（販売）
印刷製本　中央精版印刷株式会社

ISBN978-4-02-251970-2
定価はカバーに表示してあります。

落丁・乱丁の場合は弊社業務部（電話03-5540-7800）へご連絡ください。
送料弊社負担にてお取り替えいたします。